Marie Briese

Stilles Strahlen

Weil echter Mut nicht laut sein muss

Marie Briese

STILLES STRAHLEN

Weil echter Mut
nicht laut sein muss

SCM
Hänssler

SCM

Stiftung Christliche Medien

SCM Hänssler ist ein Imprint der SCM Verlagsgruppe, die zur Stiftung Christliche Medien gehört, einer gemeinnützigen Stiftung, die sich für die Förderung und Verbreitung christlicher Bücher, Zeitschriften, Filme und Musik einsetzt.

© 2022 SCM Hänssler in der SCM Verlagsgruppe GmbH
Max-Eyth-Straße 41 · 71088 Holzgerlingen
Internet: www.scm-haenssler.de · E-Mail: info@scm-haenssler.de

Hauptübersetzung:
Neues Leben. Die Bibel, © der deutschen Ausgabe 2002, 2006 und 2017 SCM R.Brockhaus in der SCM Verlagsgruppe GmbH Witten/Holzgerlingen. (NLB)
Weiter wurden verwendet:
Hoffnung für alle® Copyright © 1983, 1996, 2002, 2015 by Biblica, Inc.®. Verwendet mit freundlicher Genehmigung des Herausgebers Fontis – Brunnen Basel. (HFA)
Gute Nachricht Bibel, revidierte Fassung, durchgesehene Ausgabe in neuer Rechtschreibung, © 2000 Deutsche Bibelgesellschaft, Stuttgart. (GNB)

Bibelvers-Illustrationen: © Marie Briese. S. 37: Genesis 50,20; S. 45: Psalm 139,14; S. 99: Epheser 3,16; S. 117: Johannes 14,16a; S. 145: 2. Samuel 22,2-3.

Lektorat: Mirja Wagner, www.lektorat-punktlandung.de
Umschlaggestaltung: Astrid Shemilt // Büro für Illustration & Gestaltung, www.astridshemilt.com
Autorenfoto Buchumschlag: © Debora Ulrich
Satz: typoscript GmbH, Walddorfhäslach
Druck und Bindung: Friedrich Pustet GmbH & Co. KG, Regensburg
Gedruckt in Deutschland
ISBN 978-3-7751-6092-6
Bestell-Nr. 396.092

INHALT

ERSTES KAPITEL

DURCH DEN NEBEL HINDURCH

Stell dir vor, du wachst morgens nach einer langen und erholsamen Nacht in deinem Bett auf. Über Nacht haben sich deine Selbstzweifel, deine Scham, die Schüchternheit, wegen der du schon so viel verpasst hast, und die ständigen Fragen »Was wäre, wenn…?«, »Was denken die anderen bloß?« und »Blamiere ich mich hier gerade eigentlich total?« in Luft aufgelöst.

Ein Traum? Nein! Durch dein Fenster kannst du sehen, wie der Nebel sich lichtet, die Sonne den Himmel in den schönsten Farben färbt und deine Sicht immer klarer wird.

Okay, vielleicht verändert sich nicht alles, was dein Leben als stiller Mensch schwer macht, in nur einer Nacht. Aber – das weiß ich aus eigener Erfahrung – in vielen kleinen Schritten. Lass sie uns zusammen gehen! Lass uns zusammen strahlen!

Deshalb:

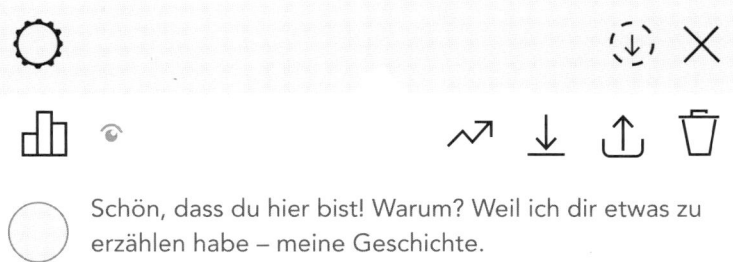

Schön, dass du hier bist! Warum? Weil ich dir etwas zu erzählen habe – meine Geschichte.

Ich werde hier aus meinem Leben berichten. Du denkst jetzt, das sei langweilig, denn schließlich tun das die meisten Menschen hier, aber die meisten sind nicht so wie ich und ich bin nicht so wie die meisten. Ich bin introvertiert und schüchtern. Also eigentlich würdest du von mir gar nichts mitbekommen, wie von den anderen Ruhigeren (in Deutschland machen wir ca. ein Drittel der Bevölkerung aus). Wenn du wissen willst, wie es sich als stiller Mensch (gut) lebt oder du sogar selbst einer von der »stillen Sorte« bist, dann lies weiter! Lass uns zusammen auf eine Reise gehen, bei der wir aufblühen und strahlen lernen!

Instagram-Posting vom 11. 11. 2017

Ein schmerzhaftes Gefühl

Was du gerade gelesen hast, ist der erste Post eines Blogs auf Instagram, den ich im November 2017 gestartet habe. Zu dieser Zeit war ich Studentin an einer Bibelschule und saß in einer Klasse toller, aber zu 90 Prozent extrovertierter Menschen. Das heißt: Sie waren laut, ich wollte Ruhe. Sie tanzten in den Pausen auf den Tischen, ich wollte noch mal über das nachdenken, was ich gerade im Unterricht gelernt hatte. Sie liebten gemeinsame Aktionen und konnten scheinbar nicht genug voneinander kriegen, und ich verbrachte meine wenige Freizeit am liebsten mit meinem Mann oder eben allein.

Und da war es wieder, das schmerzende und verwirrende Gefühl, irgendwie anders zu sein.

Vielleicht kennst du das auch. Dann darfst du jetzt wissen, dass du nicht allein damit bist. Egal, wo ich war, ich kam mir oft vor, wie der einzige stille Mensch auf dem gesamten Planeten. Ich war falsch – alle anderen richtig. Mir passierten ständig peinliche Missgeschicke – alle anderen waren perfekt. Ich überlegte mir jedes

Wort, das meinen Mund verlassen sollte, ganz genau (vor allem, wenn es um persönliche Dinge ging) – alle anderen trugen ihr Herz auf der Zunge.

Doch gerade das möchte ich jetzt auch tun, möchte mein Herz auf Papier bringen und meine Geschichte mit dir teilen. Sie führte mich durch dichten Nebel, zu Sonnenaufgängen, klarer Sicht und schließlich zu meinem »stillen Strahlen«. In diesem Buch möchte ich meinen Reisebericht mit einem der dunkelsten Tage im Jahr 2014 beginnen und dir schonungslos ehrlich aus meinem Leben erzählen.

Mittlerweile ist es 2022 und ich habe gelernt, dass auch ich nicht allein bin und erst recht nicht die einzige Person, die sich manchmal nichts sehnlicher wünscht, als einfach im Erdboden zu versinken. Deshalb möchte ich dich an meinem Weg teilhaben lassen und dich zu deiner ganz persönlichen Reise ermutigen. Den Klappspaten zum Kurzfristig-Löcher-in-den-Erdboden-Graben brauchst du dann sicher nicht mehr einzupacken. Also, lass uns losgehen und aus dem Nebel treten!

Der Moment, in dem ich dachte: »Ich bin falsch«

Dass ich einer der stillen Menschen bin, ist mir seit fast zehn Jahren so richtig bewusst. Eine allzu lange Zeit ist das nicht. Dass ich irgendwie ein bisschen anders bin als die meisten Menschen, denen ich so begegne, wurde mir hingegen schnell klar. Wenn ich an meine Grundschulzeit denke, erinnere ich mich vor allem an folgende Umstände:

Ich hatte dort viele Freunde, aber selten Lust, mich auch noch nachmittags mit ihnen zu treffen. Denn erstens war es ziemlich anstrengend, immer von Leuten umgeben zu sein, und zweitens hätte ich dann bei den Freunden zu Hause anrufen müssen – was wäre gewesen, wenn jemand Fremdes ans Telefon gegangen wäre? Oder wenn ich vergessen hätte, meinen Namen zu sagen? (Was mir tatsächlich einmal passiert und bis heute noch peinlich ist.) Ich glaube, du verstehst, dass ich das alles viel zu aufregend fand.

Der zweite Umstand hängt auch mit meinen Freunden zusammen. Ungefähr ab der vierten Klasse hatte ich plötzlich kaum noch welche. Das Ganze setzte sich in der Unterstufe fort. Der Grund: Sie fanden mich zu »erwachsen«, zu langweilig, einfach nicht so spontan und verrückt, wie sie es selbst waren. Das tat weh. Und es war verwirrend, denn die Erwachsenen – die Lehrer, meine Eltern, die Eltern meiner Freunde … – sie alle liebten mich! Zu dem Zeitpunkt ahnte ich schon, dass ich scheinbar in einer anderen Welt lebte als die Gleichaltrigen um mich herum. Die Vor- und Nachteile davon habe ich über die Jahre entdeckt und werde dir in diesem Buch mehr davon erzählen.

Aber geben wir der Sache doch mal einen Namen: Still sein – oder auch Introversion. Was ich bis zu einem grauen Februartag 2014 immer nur als sperriges Fremdwort für seltsame Menschen wahrgenommen und nicht mit mir in Verbindung gebracht hatte, stand plötzlich in einer WhatsApp-Nachricht von meinem wütenden und verletzten Ex-Freund. Introvertiert. Es traf mich mit einer Wucht, die mich fast dazu gebracht hätte, meine Gefühle, mein Innerstes vor Wut und Entsetzen in der Küche vor meiner ganzen Familie zu offenbaren – wer uns stille Menschen kennt, weiß, dass Gefühle und Gedanken für uns hauptsächlich zu einem Zweck gemacht sind: zum Fühlen und Denken, aber nicht zum Erzählen. So saß ich also da und las die Nachricht, die mir das Herz brach, mich an mir und vor allem an meinem Glauben zweifeln ließ: »Du bist viel zu introvertiert, um eine gute Christin zu sein.« Das war der Moment, in dem der Schmerz und die Verwirrung ungeahnte Ausmaße annahmen, aber gleichzeitig den Nebel, den diese Gefühle bis dahin produziert hatten, wegwehte. In dem Moment wurde mir klar: »Ich war falsch. Alles, was ich je für und mit Gott oder in meiner Gemeinde gemacht hatte, war falsch.« Die Nachricht gab mir zu verstehen: »Du musst dich auf eine bestimmte Weise verhalten oder gewisse Charakterzüge haben, um in den Augen der anderen Christen und in Gottes Augen wertvoll zu sein.«

Ich dachte lange darüber nach, wie der Absender dieser verletzenden Nachricht überhaupt zu der Aussage gekommen war. Nacht für Nacht drehte ich Runden auf meinem Gedankenkarussell: »Er hat schon recht. Ich war ja auf der letzten Freizeit lieber in meinem Zimmer oder mit den Leuten zusammen, die ich schon vorher kannte. – Aber ist das nicht auch einfach normal? Man muss ja nun nicht mit jedem supergut befreundet sein. – Na gut, ein bisschen mehr Mühe hätte ich mir schon geben können … – Warum bin ich denn nur so schüchtern? Ich traue mich ja im Gottesdienst noch nicht mal laut mitzusingen und das, obwohl ich gar nicht auf der Bühne stehe. Wenn mir jemand ein Kompliment macht für Dinge, die ich im Hintergrund geleistet habe, werde ich rot – oh Mann, ich bin echt undankbar. Kann Gott mich so überhaupt gebrauchen? Nimmt mich so irgendjemand ernst, wenn ich dann doch mal eine Andacht vor wenigen Leuten halte? Was soll das eigentlich mit dem Glauben? Was soll ich denn eigentlich mit dem Glauben, wenn ich eh niemals gut genug dafür sein werde?«

Wie du siehst, war diese Nachricht der Auslöser für eine Menge Selbstzweifel und Vorwürfe mir gegenüber. Sie war sogar fast der Weg, der mich von Gott wegführte, und das, obwohl ich ihn doch erst kurz zuvor richtig kennengelernt hatte. In diesem Moment kam es mir allerdings total logisch vor, dass stille oder schüchterne Menschen in Gemeinden fehl am Platz sind. Schon in dem Wort

»Gemeinde« steckt das Wörtchen »gemein«[1] – und das hing meiner Meinung nach viel mehr mit »gemeinsam« oder »Gemeinschaft« zusammen als für die meisten *outgoing* Menschen.[2]

Eine meiner Eigenschaften, die im Gegensatz zu meiner Zurückgezogenheit sogar sehr gut anzukommen schien, war die Zurücknahme meiner eigenen Meinung, meiner Ideen, ja, von allem, was ich mich wegen meiner Schüchternheit nicht zu sagen oder tun traute. Als ich das verstanden hatte, versuchte ich, genau das zu meiner Stärke werden zu lassen. Wenn ich schon nicht mit einer offenen Art punkten konnte, dann möglicherweise damit, immer und überall zu helfen. Es kam also nicht selten vor, dass meine Eltern ihre Teenietochter um 23 Uhr noch Kuchen backend oder sonntagmorgens um 6 Uhr einen Waffelteig vorbereitend in der Küche vorfanden.

Rückblickend musste ich mich über mich damals selbst wundern: Ich hatte mich freiwillig mehrmals in der Woche mit vielen Menschen getroffen, die alle meine Freunde waren oder zumindest so taten. Hatte mich mit Menschen getroffen, die Small Talk erwarteten und dass ich immer gut drauf war. War in Veranstaltungen gegangen, in denen gesungen wurde und es scheinbar darum zu gehen schien, wer sich am meisten einbringt oder am besten darstellt. Für diese Welt war ich nicht gemacht, das stand nun fest.

Damit blieben nur noch die folgenden Fragen, die ich in den nächsten Wochen in meinem nächtlichen Gedankenkarussell zu bearbeiten hatte: »Hat Gott stille und schüchterne Menschen überhaupt gewollt? Wenn ja, warum passen sie dann nicht in Gemeinden oder Kirchen? Bin ich wirklich so verkehrt und kann Gott tatsächlich nichts mit mir anfangen? Wie kann ich überhaupt ein sinnvolles Leben haben, wenn ich ›zu introvertiert‹ bin? Und was genau bedeutet das eigentlich, introvertiert?«

ZWEITES KAPITEL

WIE ICH MEIN »STILLES STRAHLEN« ENTDECKTE

Mein WhatsApp-Erlebnis mit der Erkenntnis, dass ich scheinbar anders bin als andere, lag nun schon drei Jahre zurück. Ich hatte das erste Jahr meiner Theologie-Ausbildung hinter mich gebracht und als Abschluss dieser ersten Zeit machten wir als Klasse eine Gruppenaktion.

Kennst du die »Warme Dusche«? Es geht darum, anderen Menschen ehrliche Komplimente zu machen. Für jede Person der Gruppe schreibt man ein Kompliment auf einen Zettel und am Ende der Aktion hält jeder dann ein Blatt Papier in der Hand, das ihm im besten Fall viel Mut macht und ein Lächeln ins Gesicht zaubert.

Aber weißt du was? Ich habe mich gar nicht darauf gefreut. Ich hatte sogar Angst davor, nachher richtig enttäuscht zu sein. Nicht von den anderen und dem, was sie über mich geschrieben haben, sondern von mir.

Im ersten Ausbildungsjahr war ich ziemlich schüchtern und verschlossener als so mancher Tresor. Die große Gruppe offener, stets gut gelaunt scheinender Menschen hatte mich so eingeschüchtert, dass ich irgendwann gar nicht mehr wusste, wie ich mich in einem ersten Schritt hätte öffnen können. Ich war zwar meistens freundlich und machte im Unterricht mit, aber sobald es um mich persönlich ging, wurde ich still, wenn nicht sogar rot. Und irgendwann nahm mich niemand mehr wahr. Damit ging es mir gut – dachte ich zumindest. Bis zu dem Tag, an dem wir uns gegenseitig Komplimente machen sollten, in schriftlicher Form – immerhin! Während ich von Zettel zu Zettel ging und meinen Mitschülerinnen und Mitschülern meine positiven Beobachtungen, die ich in den vergangenen Monaten gemacht hatte, aufschrieb, wurde ich mit jedem Schritt und jedem Wort trauriger. Es war meine eigene Schuld. Nur mir und meiner Schüchternheit hatte ich es zu verdanken, dass mich über zwanzig Leute nach einem Jahr – also nach mehr als 1 000 Stunden, die wir miteinander verbracht hatten – nicht kannten. Was für Komplimente hatte ich bei diesen Voraussetzungen schon zu erwarten? Ich schraubte meine Erwartungen also runter, obwohl ich mir schon damals sicher war, dass ich Eigenschaften habe, die Komplimente verdienen. Nur konnte sie bis dahin keiner kennenlernen.

Das Ergebnis war fast so, wie ich es erwartet hatte. Es stand viel Oberflächliches auf meinem Zettel und manche beendeten ihre »netten« Worte sogar mit der Aufforderung, ich solle mich mehr öffnen, damit sie mich im nächsten Jahr besser kennenlernen könnten. Das mag ja vielleicht lieb gemeint gewesen sein, aber es zeigte mir auch, dass sie meine Art nicht richtig verstanden hatten. Sie konnten mein Verhalten einfach nicht einordnen. Allerdings gab es eine Ausnahme: eine Bemerkung, die mich wirklich berührt hat. Sie bestand zwar nur aus wenigen Wörtern und war in einer nicht ganz so schönen Handschrift geschrieben wie die meisten anderen Komplimente, aber sie traf mich mitten ins Herz – und dieses Mal positiv!

Stilles Strahlen, das von innen kommt.

Wow, scheinbar hatte da doch jemand mehr in mir gesehen, als ich gedacht hatte. Ganz am Rand von meinem Zettel, voll mit mehr oder weniger ehrlichen Komplimenten, standen diese sechs Wörter. Unscheinbar, aber nachhaltig wirkungsvoll. Vielleicht hatte sie jemand dorthin geschrieben, der ebenfalls eher zu den ruhigen Menschen gehörte – passen würde es.

Das war meine Bestätigung: Da steckt wirklich etwas in mir, das es wert ist, gesehen zu werden. Für das ich Komplimente bekommen kann – und das Gott mit Sicherheit nicht ohne Grund in mich hineingelegt hat. Selten hatte jemand so passend und auch noch wertschätzend über meine Persönlichkeit gesprochen (bzw. geschrieben)! Mein ganzes Leben lang – und in schwierigen Momenten auch noch heute – denke ich, es sei falsch, still zu sein. Aber das stimmt nicht, und das wurde mir immer klarer!

Die Strahlkraft der Stillen

Auch stille Menschen haben »Strahlkraft«, nicht nur die Menschen, die sonst im Mittelpunkt stehen! Wir Stillen strahlen auf eine andere Weise als die »Stars« in unserem Umfeld, dafür aber mit einem besonders schönen Licht! Jede von uns trägt so viel Gutes in sich und kann so, wie sie ist, strahlen.

»Ihr seid das Licht der Welt – wie eine Stadt auf einem Berg, die in der Nacht hell erstrahlt, damit alle es sehen können« (Matthäus 5,14). Das sagt Jesus in seiner Bergpredigt und rate mal, wem dieser Satz gilt! Richtig, uns allen, die wir an ihn glauben. Egal, ob du gern im Rampenlicht stehst und die meiste Zeit Leute um dich herum brauchst, damit du glücklich bist, oder ob du stundenlang Zeit mit dir selbst verbringst und, wenn es darauf ankommt, mit Rat und Tat zur Stelle bist. Vielleicht macht dir der letzte Teil des Verses noch zu schaffen: »[…] damit alle es sehen können«. In anderen Übersetzungen steht dort: »Eine Stadt, die auf einem Berg liegt, kann nicht verborgen bleiben« (GNB). Das sagt mir, dass Gott jedem Menschen eine ganz besondere und einzigartige Strahlkraft geschenkt hat, die früher oder später aufleuchten wird. Auch wenn du gerade eher noch das Gefühl hast, er hätte sie hinter Zweifeln und Ängsten versteckt, oder du sie dir im Moment vielleicht noch kaum vorstellen kannst. Glaube mir: Sie ist da und wird zum Vorschein kommen.

Während meiner Schulzeit gab es ein Szenario, das sich ständig wiederholte: Ich hatte eine gute Idee und wollte sie zum Unterricht beitragen, aber gerade, als ich sie zu Ende gedacht hatte, kam auch schon die Angst in mir hoch, doch etwas Falsches zu sagen oder mich dabei irgendwie vor den anderen zu blamieren. Das fing ungefähr in der siebten Klasse an und bis zu meinem Abschluss hörte ich immer wieder diese innere Stimme, die Zweifel und Ängste in mir entstehen ließ, sobald ich mich melden wollte. Vielleicht kennst du diese Situation auch.

Die innere Stimme voller Zweifel und Ängste blieb zwar, aber irgendwann kam eine zweite innere Stimme dazu, die sagte: »Gott liebt dich. Er ist bei dir und findet dich so gut, dass er seinen Sohn für dich geopfert hat! Du kannst gar nichts falsch machen, wenn du dich jetzt meldest und sagst, was auch immer du sagen willst. Es ist egal, ob du dich versprichst oder etwas nicht ganz so Richtiges sagst. Und noch viel weniger wichtig ist, was deine Klasse von dir denkt! Die Hauptsache ist, dass Gott dich liebt – die anderen sollen doch von dir denken, was sie wollen!« Diese Gedanken haben mir Mut gemacht und mir oft geholfen, mich zu melden. Das Beste: Das Ganze war kein billiger Trick, sondern die Wahrheit. Gott liebt mich. Wenn ich das weiß, kann mir die Meinung der anderen über mich egal sein. Genauso liebt Gott dich. Du bist nicht abhängig von dem, was Menschen über dich denken oder sagen. Das befreit uns von dem Druck, immer alles perfekt machen zu wollen, und von der Angst, etwas Falsches zu sagen.

Ich stelle mir vor, dass Gottes Liebe wie ein Licht in mir drinnen scheint und mir Mut macht, mehr von mir zu zeigen. Das kann am Anfang ein kleiner Funke sein, der reicht schon. Sich einmal zu melden, ist für den Anfang genug. Später wird aus dem kleinen Licht vielleicht ein Strahlen und du magst irgendwann auch anderen zeigen, was du gut kannst oder wofür du dich interessierst. Probiere es mal aus! Versteck dich nicht hinter deiner zurückhaltenden Art oder Schüchternheit, weil du denkst, du bist es nicht wert, dass andere dich wahrnehmen. Du darfst gesehen werden, weil du gut bist, so wie du bist!

Die »Warme Dusche« am Ende meines ersten Ausbildungsjahres hat bei mir dazu geführt, dass ich auf der Reise zu meiner Persönlichkeit diesem Strahlen ein großes Stück nähergekommen bin! Der kleine Funke der Liebe Gottes ist mindestens zu einer Kerzenflamme geworden. Wer hätte gedacht, dass dazu jemand aus meiner Klasse nötig gewesen ist – ich jedenfalls nicht! Manchmal ist es gut, wenn andere unser Licht erahnen können. Manchmal brauchen wir es, dass jemand uns ansieht und uns zeigt, was Gott so alles in uns hineingelegt hat. Obwohl ich mich durch die mehr oder weniger freiwilligen Runden auf meinem Gedankenkarussell und meine sensible Wahrnehmung ziemlich gut kannte und die meisten Dinge mit mir selbst ausgemacht habe, brauchte ich jemanden, der diese wichtige Aufgabe für mich übernommen hat. Ganz schön angsteinflößend, oder? Aber das Stück Papier in der Gelddruckerei erfährt auch erst dann von seinem Glück, wenn ihm jemand von außen die 100 aufdruckt. (Was umgekehrt nicht bedeuten soll, dass wir uns negative Merkmale aufdrücken oder -stempeln lassen sollen!) Oft nehmen wir uns selbst aber ganz anders wahr, als die Menschen um uns herum uns sehen. Genau das ist der Unterschied zwischen Selbstwahrnehmung und Fremdwahrnehmung. In meinem Fall bedeutete das: Ich dachte, meine Klassenkameraden würden mich für eine langweilige oder sogar arrogante Person halten, die keine Zeit mit ihnen verbringen möchte. Sie aber – oder zumindest manche von ihnen – sahen mein Strahlen und die positiven Eigenschaften an mir.

Bis zu dem Zeitpunkt, an dem uns jemand sagt, dass wir wertvoll und geliebt sind, können wir letztlich »nur« auf das vertrauen, was Gott über uns denkt, und hoffen, dass es die Menschen um uns herum ähnlich sehen – was für den Anfang nicht schlecht ist! Doch wenn es dir jemand sagt oder wie in meinem Fall schreibt, dann kannst du es glauben! Ich selbst kann es mir gar nicht oft genug vor Augen führen: Ich bin geliebt. Wenn du es auch noch einmal für dich annehmen möchtest, gebe ich es dir hier schwarz auf weiß: Du bist wertvoll. Du bist geliebt!

Du darfst es glauben! Mir fällt es oft schwer, liebevolle Worte und Komplimente anzunehmen, dabei sind sie so hilfreich! Sie können mir bewusst machen, dass ich strahle und was ich ausstrahle. Dann liegt es nur noch an mir, das anzunehmen, in mein Strahlen zu treten und es zu nutzen, für mich, meine Mitmenschen und für Gott. Denn er ist die Quelle des Lichts!

Wie ich im letzten Post erzählt habe, dachte ich mein ganzes Leben lang, es sei falsch »still« zu sein. Aber das stimmt nicht. Zurückhaltende Menschen können auch strahlen wie die, die sonst im Mittelpunkt stehen! Jeder von uns trägt so viel Gutes in sich und kann so, wie er ist, strahlen – mal mehr, mal weniger auffällig. Versteck dich nicht mit deiner Introversion, weil du denkst, du bist es nicht wert, dass andere dich wahr-

nehmen. Du darfst gesehen werden, weil du gut bist
so, wie du bist!

Instagram-Posting vom 26. 11. 2017

||||||||||||||||||||||||||||||||||||||||||||||||||||||||||||||||||||||||||||||||||||||||||||||||||||||||||||||

PROBIER'S SELBST

Nimm doch selbst einmal eine »Warme Dusche«. Schreibe auf, was du an dir magst. Vielleicht hängst du dir den
Zettel an deinen Spiegel oder dorthin, wo du ihn oft
sehen kannst. Du kannst die »Warme Dusche« auch ganz
klassisch mit deinen Freundinnen und Freunden oder
deiner Familie machen. So übst du, auf andere zuzugehen, und bekommst selbst bestimmt tolle Komplimente!

||||||||||||||||||||||||||||||||||||||||||||||||||||||||||||||||||||||||||||||||||||||||||||||||||||||||||||||

Stille Gespräche mit lauter Wirkung

Seit dem Tag der »Warmen Dusche« begann ich zu ahnen, dass es
nichts Schlechtes ist, eine von der stillen Sorte zu sein. Langsam
begriff ich, dass ich gut bin, so wie ich nun mal bin. Und ich hoffte,
dass ich und auch die Menschen um mich herum das bald immer
mehr sehen könnten. Da gab es nur zwei Herausforderungen und
von denen erzähle ich dir jetzt.

   Ironischerweise spielen in beiden Erzählungen nicht nur ich im
Jahr 2017, sondern mal wieder auch andere Menschen eine ebenso
wichtige Rolle. Da wäre zunächst eine Freundin, die mir die erste Herausforderung bewusst gemacht hat. Wir kamen im zweiten
Ausbildungsjahr unserer theologischen Ausbildung in eine Klasse
und hatten direkt eine Verbindung: unsere stille Art, hinter der

sich aber viel verbarg. Während unsere Klassenkameraden mit 150 Menschen in einem lauten Speisesaal zu Mittag aßen, zogen wir die Ruhe vor – und uns deshalb zurück. Unsere Gespräche wurden von Ma(h)l zu Ma(h)l ehrlicher und tiefgründiger. Ich schätzte an ihr, wie sie sich für ihre Mitmenschen, also in dieser Situation für mich, interessierte und Fragen stellte, die über ein »Wie geht's dir und was machst du so?« hinausgingen. Man sollte meinen, dass bei einem Gespräch zwischen zwei sonst stillen Menschen nicht viel rumkommt, aber meine Freundin blühte im Fragenstellen auf und ich, wie du merkst, erzähle gern, solange ich weiß, dass sich mein Gegenüber auch wirklich dafür interessiert oder es ein Thema ist, das mir viel bedeutet. Übrigens kann all das ziemlich typisch für Menschen mit einer stillen Art sein.

Also erzählte ich meiner neu gewonnenen Freundin auch von der Entdeckung meines »stillen Strahlens« und wie glücklich ich war, endlich einen Namen für das sonst so schmerzhafte und verwirrende Gefühl gefunden zu haben, das ich immer mehr überwand. Ich trat jeden Tag einen Schritt weiter in mein Strahlen, aber meine Freundin sagte wie aus dem Nichts:

> Du weißt jetzt, wie du bist und dass das gut so ist, aber verstecke dich nicht hinter deiner Art! Drücke dich nicht vor Aufgaben und nimm deine Persönlichkeit nicht als Ausrede, manche Dinge nicht zu tun!

Wow, das hatte gesessen. Ich hatte gerade angefangen, all die vermeintlichen Vorteile meiner stillen Art kennenzulernen und dann sagte mir meine ebenfalls schüchterne Freundin, dass »still sein« keine Entschuldigung dafür ist, den Mund zu halten, wenn es um wichtige Dinge, Referate, Gruppenarbeiten oder anderes geht. Auf den ersten Blick scheinen uns Stillen diese Dinge nicht so zu liegen, aber sie hatte recht. Zwar konnte ich unsere Mittagspause, die wir fernab von den anderen aus unserer Klasse verbrachten, nach dieser Aussage nicht mehr ganz so genießen wie sonst – doch tiefe Gespräche sind nun mal das, was passiert, wenn zwei von der stillen Sorte sich treffen. Es aber nicht mehr nur dabei bleiben zu lassen, war die erste Herausforderung, der ich mich zukünftig zu stellen hatte.

Mit den harten, aber weisen Worten meiner Freundin im Kopf möchte ich dir jetzt von der zweiten Herausforderung erzählen. Nun hatte ich zwar erkannt, dass wir Stillen uns nicht hinter uns selbst verstecken sollen, sondern strahlen können, wertvoll und geliebt sind. Allerdings kam es mir so vor, als hätten andere Menschen noch nicht so viel davon mitbekommen. Zumindest war das mein Eindruck, als eine Klassenkameradin in einer Vertretungsstunde sagte: »Wir müssen uns auch mehr um die Stillen hier kümmern.«

Wir hatten uns mit der kompletten Klasse – das waren immerhin mehr als dreißig Leute – darüber unterhalten, wie wir unsere Gemeinschaft einschätzen und wie wir sie noch verbessern könnten, als dieser Satz fiel. Ich musste sofort an die Worte meiner Freundin denken: »Drücke dich nicht vor Aufgaben und nimm deine Persönlichkeit nicht als Ausrede, manche Dinge nicht zu tun!« Mein nächster Gedanke war: »Gott, muss das sein? Warum denn jetzt? Darf ich nicht erst mal mit etwas Leichterem anfangen?« Seine Antwort kam sofort, mir wurde heiß und kalt, ich fing an zu schwitzen und zu zittern – und dabei saß ich mitten in der Klasse und stand noch nicht einmal im Mittelpunkt. Während ich also noch damit beschäftigt war, meine Freundin innerlich zu verfluchen, dass sie mir ihren Rat vor dieser Situation gegeben hatte, und gleichzeitig ziemlich genervt von Gott war, der sich für solche Dinge immer die besten Momente aussucht, wanderte mein Arm schon zu einer Meldung in die Höhe.

Aber was sollte ich denn sagen? Darüber hatte ich nämlich noch gar nicht nachgedacht. Ich wusste nur: Ich muss jetzt etwas sagen, ob mir das leichtfällt oder nicht, ob mir was einfällt oder nicht. »Okay, Ruhe bewahren, Marie, nimm den Arm wieder runter und lege dir erst mal ein paar Worte zurecht. Wenn du jetzt etwas sagst, dann soll es auch eine Wirkung haben. Also denk nach – ach ja und vergiss nicht, zu atmen.«

Vielleicht fragst du dich jetzt: »Wozu das alles?« Vielleicht hast du diesen Satz »Wir müssen uns auch mehr um die Stillen hier kümmern« aber auch selbst schon einmal gehört und dir ging es dabei wie mir. Egal, was davon zutrifft, ich werde den Satz jetzt hier mal ein bisschen genauer unter die Lupe nehmen. Denn wenn ich gerade keine Bücher schreibe, arbeite ich für einen Professor in der Diskurslinguistik. In der schaut man sich an, was hinter ganz alltäglichen Aussagen eigentlich steckt. Wie wir sprechen, bestimmt nämlich unser Denken, Wahrnehmen und unser ganzes Leben – umgekehrt gilt das natürlich auch.

Fakt ist: Ich möchte nicht, dass von uns Stillen als Menschen geredet wird, um die man sich »kümmern« muss. Aber fangen wir vorne an …

Die Handelnden in diesem Satz sind »Wir«. Diejenigen, an denen eine Handlung vorgenommen wird, sind »die Stillen«. Es gibt also von Anfang an schon eine Gruppe, zu der die Stillen nicht gehören (können), eben weil sie ruhiger zu sein scheinen. Es gibt nicht »die Klasse«, sondern direkt zwei verschiedene Lager. Die Stillen und alle anderen. Das, was getan werden soll, ist »sich kümmern«. Und jetzt wird es kompliziert, denn alles ist ja nur nett gemeint. Man kümmert sich um etwas, das einem wichtig ist – keine Frage, da steckt schon ein bisschen Liebe drin. Aber man kümmert sich auch um jemanden, der in irgendeiner Weise geringer ist als man selbst. Wenn ich mich um eine Freundin kümmere, die gerade Liebeskummer hat, tue ich das aus Freundschaft und mit dem Wissen, dass sie nicht immer traurig und irgendwann auch mal für mich da sein wird, wenn es mir nicht gut geht. Meiner Katze gebe ich alles, was sie braucht, um glücklich bei mir leben zu können, ich kümmere mich um sie. Ich gebe ihr Futter, weil sie nicht die beste Jägerin ist, und gehe mit ihr zum Tierarzt, wenn sie krank ist, weil sie das nicht selbst kann. Du merkst, worauf ich hinauswill: Der, um den sich gekümmert wird, ist der sich kümmernden Person untergeordnet. Meine Katze wird wohl ihr ganzes Leben auf mich angewiesen sein, aber bei Menschen sollte das immer nur für eine absehbare Zeit so sein. Dann bleibt nur noch das kleine Wörtchen »mehr«. Das zeigt, dass der Sprecher denkt, er hätte sich eigentlich schon ziemlich viel gekümmert, aber scheinbar noch nicht genug.

Auf unserem kleinen Ausflug in die Sprachwissenschaft haben wir also festgestellt, dass man diesen Satz auch ganz anders als »lieb gemeint« verstehen kann. Was ich heute mit meinem Wissen erklären kann, hat mein Bauch damals schon gefühlt: Wir Stillen werden, wenn auch nicht unbedingt mit Absicht, oftmals ungerecht behandelt. Mir kamen sofort Vergleiche in den Kopf, die mich traurig und wütend machten. Und genau deshalb *musste* ich etwas sagen. Ich meldete mich ein zweites Mal und jetzt nahm ich meinen Arm erst runter, als ich drangenommen wurde. Inzwischen hatte das Thema schon zwei Mal gewechselt und eigentlich war die Wir-kümmern-uns-Sache vom Tisch. Mein schüchternes Ich hätte am liebsten gar nichts mehr gesagt, den Schmerz verdrängt und sich abends im Bett stundenlang darüber geärgert, nichts gesagt zu haben. Dann wären mir bestimmt auch superelegante Formulierungen und mitreißende Worte eingefallen – wie das meistens so ist. Aber so kam es nicht. Mutig sagte ich: »Äh ja, also, auch wenn wir jetzt schon ganz woanders sind … äh … möchte ich noch mal was zu dem Thema von eben sagen … also … äh …« Alle drehten sich um. Ich wurde rot, kämpfte mich aber weiter durch meine Verteidigungsrede.

Meine Mission war: Allen zeigen, dass stille und schüchterne Menschen bei Weitem nicht so hilfsbedürftig und bemitleidenswert sind, wie es in dem fatalen Satz meiner Klassenkameradin mitschwang. Ich packte sämtliche Fakten und wissenschaftliche Erkenntnisse in meinen Monolog, die ich kurz vorher in Büchern über genau dieses Thema gelesen hatte. Damit kann ich bis heute immer punkten und wenn ich kritisiert werden sollte, dann nur für Dinge, die ursprünglich gar nicht von mir kommen.

Niemand aus meiner Klasse hatte sich zuvor wirklich mit stillen und schüchternen Menschen beschäftigt und umso größer waren die staunenden Augen, als ich meine Rede, an die ich mich heute nur noch wie im Traum erinnern kann, beendet hatte.

> Ihr braucht euch nicht um »uns« zu kümmern, ihr müsst uns noch nicht mal bemitleiden oder euch irgendwie Sorgen um uns machen! Nur weil wir nicht viel von uns hören lassen, heißt das nicht, dass wir krank sind oder uns nicht helfen können. Es ist sogar eigentlich umgekehrt – wenn ihr nichts von uns mitbekommt, geht es uns am besten!

Das waren meine Schlussworte. Stille. Diesmal bei den anderen.

Keiner schien zu begreifen, was da gerade passiert war, ich auch nicht, das kannst du mir glauben. Schweißgebadet, so rot wie noch nie zuvor und erleichtert zugleich sank ich in meinem Stuhl zusammen und traute mich kaum aufzublicken, um die weiteren Reaktionen in der Klasse zu beobachten. So saßen wir da, mehr als dreißig Leute, schweigend.

Die Stille wurde endlich durchbrochen von einem Klassenkameraden, den ich heute mit den Worten »harte Schale, weicher

Kern« beschreiben würde, der mir damals aber meistens ziemlichen Respekt einflößte. Was er sagte, hätte ich nicht für möglich gehalten, wenn ich es nicht selbst gehört hätte. Er unterstützte mich in allem, was ich kritisiert und mir gewünscht hatte. Seine sonst so aneckende Art war seine Weise, mit den »lauten« Klassenkameraden mitzuhalten, aber was uns Stille angeht, lebte er genau das:

> Wenn ich von Marie nichts höre, aber sehe, wie sie sich sonst hier engagiert, dann denke ich, dass alles gut ist. Warum sollte ich mir auch Sorgen machen? Es gibt nun mal ruhigere Menschen, das ist doch in Ordnung. Die dürfen so sein, wie sie sind.

Und weil Gott scheinbar dachte, dass diese Unterstützung nicht schon Belohnung genug war für meinen Mut, setzte er noch einen drauf und ich konnte ihn fast sagen hören: »Wahnsinn, dass du dich das getraut hast! Ich bin stolz auf dich. Mach weiter so, es wird sich lohnen!« Was ich aber tatsächlich hörte, war eine andere Klassenkameradin, die das komplette Gegenteil von mir ist und mit der ich schon öfter gerade wegen unserer unterschiedlichen Persönlichkeiten in Konflikt geraten, von ihr verletzt worden und deswegen traurig gewesen war. Es war nicht viel, was sie sagte, aber es aus ihrem Mund geflüstert zu hören, reichte aus. »Das hast du gut gemacht. Wirklich – richtig mutig.«

In diesem Moment wurde mein durcheinandergeratenes Selbstbild ein bisschen mehr geordnet. Die große Verwirrung und der Schmerz, die ich über meine stille Art empfunden hatte, begannen sich immer mehr aufzulösen. Ich erkannte oder ahnte zumindest, dass Gott mich tatsächlich wunderbar geschaffen und bei mir keinen schlechten Tag gehabt hatte.

Er hat sich etwas dabei gedacht, unterschiedliche Persönlichkeiten zu schaffen, und wünscht sich, dass wir in sie hineintreten und das leben, was er sich für uns ausgedacht hat. Dass das meistens nicht leicht ist und viel Überwindung kostet, habe ich gelernt, wie du sicher in diesem Kapitel gemerkt hast. Was ich aber auch gelernt und erfahren habe, ist, dass Gott uns dabei nicht im Stich lässt. Mich zu melden und mich vor der ganzen Klasse so angreifbar zu machen, war meine mutigste Aktion während der gesamten Ausbildung. Ich brauchte einen richtigen Schubser und der kam von Gott genau im richtigen Moment – auch wenn es anders gemütlicher gewesen wäre. Aber das ist Gott. Er gibt uns, was wir brauchen – so ist seine Gerechtigkeit.

ÜBERLEGE MAL

- Wann versteckst du dich hinter dir selbst und suchst Ausreden, etwas nicht tun zu müssen?
- Wo könntest du anfangen, mutig für eine Sache, die dir wichtig ist, aufzustehen und deine Furcht zu überwinden?

Gottes Gerechtigkeit: die Jüngeren, Übersehenen, Armen, Schwachen – und wir ...

Gott ist gerecht, das können wir in der Bibel nachlesen. Aber so oft schon habe ich den Eindruck gehabt, dass das nicht wirklich wahr ist. Es gibt eine Art von Situation, in der ich mich (von Gott) ungerecht behandelt fühle, nämlich dann, wenn ich übersehen werde. Typische

Beispiele dafür waren in meinem Leben sämtliche Klassensprecherwahlen: von der Grundschule bis zur theologischen Ausbildung. Gäbe es eine Stellenausschreibung für Klassensprecher, in der aufgelistet wäre, was ein guter Vertreter unbedingt mitbringen muss – ich wäre vorne mit dabei! Wie die meisten von uns Stillen übrigens. Was Zuverlässigkeit, Mitgefühl, Verantwortungsbewusstsein und auch den Sinn für Gerechtigkeit angeht, sind wir Stillen kaum zu übertreffen. Also wer wäre besser geeignet gewesen als ich? Das fragte ich mich, während ich zusehen musste, wie mal wieder die Entscheidung über dieses wichtige Amt zu einer Beliebtheitswahl wurde. Es gewannen natürlich immer die, die viele Freunde hatten und einfach die Auffälligsten in der Klasse waren – egal, ob sie tatsächlich für die Aufgabe geeignet waren oder nicht.

Das ist meine ganz persönliche Definition von Ungerechtigkeit in meinem Leben. Jemand anderes bekommt eine Chance, obwohl ich nach meinem Empfinden schon viel mehr dafür geleistet habe oder die passenden Voraussetzungen mitbringe. Aber weißt du was? Gott ist trotzdem gerecht. Einen Beweis dafür hast du eben schon gelesen. Ich brachte damals und bringe auch heute den Mut auf, die Persönlichkeit, die er mir gegeben hat, zu leben, sein Licht in mir strahlen zu lassen. Und er belohnt mich so wie in der Vertretungsstunde damit, dass ich nicht übersehen, sondern unterstützt werde. Doch auch in der Bibel finden wir etliche Beweise für Gottes Gerechtigkeit, und die schauen wir uns jetzt genauer an.

Mose: allein, berufen, ängstlich, befähigt, anbetend

Was du gerade in der Überschrift gelesen hast, ist kein Reimschema, sondern der Lebensweg von Mose im Schnelldurchlauf. Bei der Suche nach einer Bibelstelle, die Gottes Gerechtigkeit zeigt, bin ich zufällig auf die folgenden Verse gestoßen, die Mose am Ende seines Lebens betet:

Ich will den Namen des Herrn bekannt machen. Gebt unserem Gott die Ehre! Er ist ein Fels, sein Tun ist vollkommen. Alles, was er macht, ist richtig und gerecht. Er ist ein treuer Gott, der kein Unrecht tut; gerecht und zuverlässig ist er!
5. Mose 32,3-4

Aber lass uns von vorne anfangen. In der Bibel wird die Geschichte ausführlich ab dem zweiten Buch Mose erzählt. Das hier ist meine Version:

Das Volk Israel war zuerst eine Familie von siebzig Leuten, die wegen einer Hungersnot nach Ägypten auswanderte. Passenderweise war ein Sohn der Familie, Josef, dort ein hoher Politiker. Wie es dazu kam, erzähle ich später. Dem Pharao wurde es aber mit der Zeit zu voll in Ägypten, und er befahl, dass man alle neugeborenen israelitischen Jungen umbringen sollte. Eine Mutter setzte daraufhin ihren Sohn in einem Korb in den Nil. Dort fand die Tochter des Pharaos den Jungen, rettete ihn, nahm ihn bei sich auf und gab ihm den Namen Mose. Ein ziemlich aufregender Start ins Leben!

Wesentlich entspannter ging es nach einer dramatischen Flucht weiter. Mose wurde Hirte, der Traumjob für alle stillen Menschen im Alten Vorderen Orient! Du bist tagelang mit deiner Herde aus Schafen und Ziegen in der Natur unterwegs – weniger Menschen geht gar nicht! Doch eines Tages entdeckte Mose einen brennenden Busch, der allerdings nicht verbrannte, und neben den Geräuschen seiner Tiere hörte er die Stimme Gottes, der ihm einen unglaublichen Auftrag gab. Mose sollte das Volk Israel, also Millionen Menschen, aus der Sklaverei und von dem bösen Pharao befreien.

Ich musste nur vor meiner Klasse sprechen und für Gerechtigkeit eintreten, Mose sollte zum mächtigsten Mann des Landes, wenn nicht sogar der ganzen Welt, gehen und ihm seine billigen Arbeitskräfte wegnehmen. Was für eine Herausforderung!

Das dachte sich Mose auch und legte gleich los mit einer Frage, die dir wahrscheinlich nur zu bekannt vorkommen wird: »Was ist aber, wenn …?« Und Mose zögerte nicht, Gott von allen seinen (Selbst-)Zweifeln zu erzählen. So sagte er zu Gott:

> O Herr, ich bin kein guter Redner; ich bin es nie gewesen – und seit du mit mir, deinem Diener, sprichst, hat sich daran nichts geändert. Ich kann nicht gut reden.
> 2. Mose 4,10

Die Meisterdisziplin der Stillen und Schüchternen? Gründe zu finden, warum etwas *nicht* klappen kann. Gottes Meisterdisziplin? Alles möglich zu machen!

Du kannst dir vermutlich bildlich vorstellen, wie die Sache ausging … Mose stand stotternd vor dem Pharao. Aber Gott hielt seine Versprechen und kämpfte für Mose. Gott macht alles möglich! Er schaffte es, Mose auf seinen Beinen zu halten, schickte ganze zehn Plagen, rettete das Volk Israel vor dem sicheren Tod, in den er dann den Pharao und seine Leute stürzen ließ. Es war nicht einfach und für Mose sicher sehr nervenaufreibend – für mich jedenfalls schon fast zu dramatisch.

Doch das Drama war noch nicht vorbei. Mose, jetzt Anführer von einem ganzen Volk, wurde laufend kritisiert, nicht etwa von Gott, weil er den Auftrag nicht ordentlich ausführte, sondern von seinem eigenen Volk! So, da hätten wir dann den Beweis. Es funktionierte nicht. Mose war einfach der falsche Mann für die Mission. Die wenigen »Was wäre, wenn …« vom Anfang der Geschichte hatten jetzt ein Gesicht, nein sogar eine Million Gesichter! Alle hatten Durst, Hunger und andere Probleme. Hätte Mose doch mal auf seine Selbstzweifel gehört, dann wäre er jetzt nicht in so einer peinlichen Lage gewesen. Alle guckten ihn an. Was sollte er tun? Das ist die Situation aus menschlicher Sicht, aus deiner, meiner und wahrscheinlich auch Moses. Aber was ist mit Gott? Den gab und gibt es ja auch noch und er kämpfte ein weiteres Mal für Mose! Immer wenn dieser an seine Grenzen kam, griff Gott ein. Spätestens pünktlich. Spoiler-Warnung: Das wird noch häufiger passieren.

Am Ende war es Mose, der von Gott auf dem Berg Sinai die Gebote bekam und dem Gott den Bund mitteilte. Einer, der lieber die Gesellschaft von wortkargen Schafen und Ziegen als von Menschen hatte? Einer, der bei den vermutlich wichtigsten Aufgaben seines Lebens den Mund kaum aufbekam? Einer, an dem ständig gezweifelt wurde? Ja, genau der durfte zu Gott kommen! Durch genau diesen so unscheinbaren Mann haben letztlich auch du und ich Gott besser kennengelernt.

Mose kam vom Berg und das Volk jubelte ihm zu – okay, na gut, es jubelte Gott und der Möglichkeit, mit ihm Gemeinschaft zu haben, zu. Mose musste noch ein zweites Mal auf den Berg und als er dann wiederkam, jubelte das Volk immer noch – nur dieses Mal wegen eines goldenen Kalbes. Innerhalb weniger Tage hatten sie Gott und Mose als ihre Anführer durch eine Statue ersetzt. Klar, dass Gott wütend wurde. Ich wäre auch enttäuscht. Aber unser schüchterner Held war nicht etwa ebenfalls eingeschnappt, sondern setzte sich für die Menschen ein, die ihn kurz davor noch verraten hatten, indem sie hinter seinem Rücken eine goldene Statue angebetet hatten, und rettete ihnen damit das Leben – denn Gott war wirklich wütend! Mose schaffte es, ihn davon zu überzeugen, nicht das gesamte Volk zu vernichten. Was ein Wunder!

Bei den Voraussetzungen sollte man nun annehmen, dass das Volk Mose jetzt keine Probleme mehr machte. Doch sie kritisierten ihn weiter, als sie nach einem Jahr vom Berg Sinai Richtung Kanaan aufbrachen. Diesmal traf die Kritik der Menschen nicht nur Mose, sondern auch seine Geschwister. Als dann auch noch die meisten

Kundschafter behaupteten, dass sie Kanaan nie erobern würden, vertraute niemand Mose mehr.

Gut, dann war es an dieser Stelle wohl vorbei, aus und vorbei mit dem großen Traum Gottes vom tapferen und unangefochtenen Anführer. So viele Hindernisse und so viel Kritik hält keiner aus, auch wenn er noch so gut zu verstehen versucht, warum das alles so schwierig ist. Allerdings war es Gottes Mission, nicht die von Mose. Gott hatte ihn zwar berufen, was aber nicht bedeutete, dass Mose jetzt allein unterwegs war und die ganze Verantwortung trug! Gott kämpfte für ihn!

Die Geschichte geht so aus, dass weder Mose noch seine Leute jemals im Zielland ankamen. Mose wurde übermütig und spielte einmal kurz Gott, anstatt auf ihn zu hören. Trotzdem blieb Gott gerecht und treu. Mose konnte selbst mit seinen größten Fehlern und peinlichsten Versehen nichts daran ändern, dass Gott mehr in ihm sah und ihn zu Großem berief.

Die letzten wichtigen Worte Moses stehen im fünften Buch Mose. Der Mann, dessen Geschichte fast mit seinem Tod angefangen hätte, von dem niemand etwas mitbekommen hatte, als er Hirte war, der nicht an sich geglaubt, und dann immer wieder kurz vor der Verzweiflung gestanden hatte. Dieser Mann hielt zwei lange, motivierende Reden und erklärte der neuen Generation des Volkes, wie sie in der Wüste vor einem scheinbar nicht einzunehmenden Land gelandet waren. Mose wiederholte und ergänzte die Gebote, gab Ratschläge, wie man sie am besten umsetzte, und erklärte den Menschen, wie sie es besser machen könnten als ihre Vorfahren. Weise. Besonnen. Erfahren. Klar. Ruhig. Und wahrscheinlich auch ein bisschen müde.

Die beiden Verse vom Anfang stehen in der Geschichte Moses ganz am Ende. Er schaute auf sein Leben zurück. Auf die ganzen Herausforderungen, die ihn wahrscheinlich oft dazu gebracht hatten, an sich und an Gott zu zweifeln, und er kam zu dem Schluss: »Gott ist gerecht. Gott ist wie ein Fels. Wenn ich schwach bin, ist er stark. Ich kann mich auf ihn verlassen, auch wenn ich nicht an mich glaube. Selbst wenn ich meine, ich hätte alles genau durchdacht, ist Gott noch weiser. Er hat mich gemacht und hier eingesetzt. Das ist genau richtig so.«

Rebekka, Jakob und Josef: eine Familiengeschichte, die es in sich hat

In der Geschichte von Mose haben wir gesehen, dass Gott Menschen gebraucht, die auf den ersten Blick nicht so aussehen, als wären sie für die Aufgabe gemacht. Aus einem wortkargen Hirten wurde der Anführer eines ganzen Volkes. Es war Gott, der hier einen Plan hatte und diesen auch bis an sein Ziel verfolgte. Zu welchen Aufgaben wir berufen werden, entscheidet er mit Weisheit und Gerechtigkeit. Wir können ihm vertrauen. Was ist aber, wenn Fehler und Versagen dazukommen? Wenn uns etwas misslingt oder andere Menschen uns gegenüber Fehler machen? Geht der Plan dann noch auf?

Diese Fragen können wir mit einer anderen Erzählung aus der Bibel beantworten. Du findest sie im ersten Buch Mose ab Kapitel 25 und sie könnte genauso gut ein Kinofilm sein. Es gibt ein Familiendrama, jede Menge Kriminalität, viele, viele Tränen und ein Happy End …

Alles begann damit, dass Gott einer Frau, die keine Kinder kriegen konnte, sagte, dass sich das bald ändern werde. Gott sprach zu einer Frau, allein das ist schon bemerkenswert, wenn man sich klar macht, dass Frauen zur Entstehungszeit des Textes nicht viel wert waren, erst recht nicht, wenn sie keine Kinder bekommen konnten. Diese Frau, die von den Menschen verachtet wurde, ihrem Mann Sorgen machte und sich selbst wahrscheinlich schon aufgegeben hatte, bekam eine Botschaft von Gott. Sie selbst dachte wohl eher: »Keiner sieht mich. Niemand kann verstehen, wie ich mich fühle. Wahrscheinlich wird sich mein Leben auch nie verändern. Das war's dann. Mein Leben ist sinnlos, was soll das Ganze noch? Keiner kann etwas mit mir anfangen.« Mir selbst kommen diese Gedanken ziemlich bekannt vor. Übersehen werden und sich selbst nicht helfen können tut weh.

Aber Gott sah den Schmerz in ihrem Herzen, die Verzweiflung in ihren Augen und die Mutlosigkeit in ihrem Auftreten. Ihr Ehemann sah das auch und betete für sie – mit doppeltem Erfolg. Rebekka wurde schwanger mit Zwillingen! Nicht ein Kind, sondern gleich zwei auf einmal sollte sie zur Welt bringen und großziehen – ganz schön herausfordernd. Das fand sie auch und beklagte sich bei Gott, der ihr dann schon mal andeutungsweise die turbulente Zukunft ihrer Familie verriet: Der Jüngere wird über den Älteren herrschen. Und so kam es auch.

Wahrscheinlich weißt du schon längst, um welche Erzählung es hier geht. Esau und Jakob. Trotzdem stelle ich dir die beiden noch einmal kurz vor, denn folgendes Detail ist dir bis jetzt vielleicht entgangen: Die Bibel beschreibt Esau als Draufgänger, als Jäger und als den Lieblingssohn des Vaters. Jakob war dagegen Rebekkas Liebling, denn er blieb lieber zu Hause und schien ruhiger zu sein. Erkennst du dich in einem der beiden wieder? Ich bin ganz klar Team Jakob, auch wenn ich in meiner Familie nicht die Jüngere, sondern die ältere Schwester bin.

Die ältesten Söhne hatten eine besondere Aufgabe: Sie wurden vom Vater gesegnet und erbten seinen Besitz und die Verantwortung für die ganze Familie. Esau als starker Mann, der noch nicht mal vor dem Wildesten aller Tiere zurückschreckte, schien wie gemacht für diese Rolle, aber Gott hatte einen anderen Plan. Mit Rebekkas Hilfe und einem Betrug wurde er in die Tat umgesetzt.

Jakob wurde Vorsteher der ganzen Familie, musste aber fliehen. Jetzt hatte er zwar theoretisch die Position sicher, aber konnte sie nicht mit Leben füllen. Auch das kommt mir nur zu gut bekannt vor. Da bekommt man mal eine riesige Chance und wenn es darauf ankommt, würde man am liebsten weglaufen oder die eigenen Beine sorgen mit weichen Knien selbst dafür, dass man die Chance nicht nutzen kann. Dabei fühlte es sich doch erst so richtig an, eben so, wie von Gott geplant. Aber wo ist er denn, wenn man ihn wirklich mal braucht?

Bei Jakob.

Ja, du hast richtig gelesen! Gott war bei Jakob, für den sich vermutlich alles so anfühlte, als hätte er versagt. In einem Traum, den Jakob auf seiner Flucht hatte, versprach Gott, ihm treu zu sein und bei ihm zu bleiben. Und das Versprechen hielt er! Jakob wurde selbst noch heftig betrogen, kam am Ende aber mit einer großen Familie und einem noch viel größerem Reichtum davon. Der Jüngere, derjenige ohne eine besondere Perspektive, der, der lieber zu Hause blieb, der Betrüger – der wurde von Gott gesegnet, bekam mehr, als er brauchte, und konnte sich sogar mit seinem Bruder wieder vertragen.

Das ist doch mal ein Happy End, oder? Nein, nicht wirklich, denn auch wenn in Jakobs Leben schon einiges schiefgelaufen war, so waren das für Gott scheinbar noch nicht genug Fehler, um uns zu zeigen, dass wir niemals zu viel falsch machen können!

Als Sohn war Jakob nicht gerade unkompliziert und auch als er Vater wurde, hatten zumindest zehn seiner zwölf Söhne Schwierigkeiten mit ihm. In der Bibel lesen wir im ersten Buch Mose ab Kapitel 37 davon, wie Jakob seinen (zweit-)jüngsten Sohn Josef den anderen vorzog. Das entpuppte sich im Laufe der Geschichte als großer Erziehungsfehler, denn Josef wurde von seinen älteren Brüdern nur ganz knapp nicht getötet, um dann in die Sklaverei nach Ägypten verkauft zu werden. Dem Vater erzählten die jungen Männer, ein Tier habe ihn gerissen.

Wenn das mal keine Ungerechtigkeit ist! Josef muss Todesangst gehabt haben. Allein unter Fremden, von denen er wusste, dass es ihnen nur um sie selbst ging. Josef litt unter den Fehlern anderer. Das zog sich so durch. Aber tatsächlich schaffte er es, einen guten Stand bei seinem Hausherrn zu haben und Gott segnete nicht nur Josef, sondern sein ganzes Umfeld! Doch die Ehefrau seines Hausherrn beschuldigte ihn zu Unrecht und er musste ins Gefängnis. Gott sei Dank wurde er »nur« gefangen genommen, denn nach dem gültigen Recht hätte Josef auch umgebracht werden können. Das war dann der zweite Fehler einer anderen Person, der Josef zwar in ernsthafte Gefahr brachte, Gott aber nicht daran hindern konnte, seinen Plan umzusetzen!

Gott zog zwar keine »Du-kommst-aus-dem-Gefängnis-frei-Karte«, aber er schaffte es trotzdem, Josef auch aus dieser scheinbar ausweglosen Situation zu befreien. Er gab ihm die Gabe und die Chance, Träume des Pharaos zu deuten, was Josef ausgesprochen selbst- und gottesbewusst tat.

Vorher wurde er allerdings einmal ziemlich im Stich gelassen. Er deutete schon im Gefängnis Träume von Angestellten des Pharaos und einer von ihnen versprach, ihn da rauszuholen, sobald er selbst freigelassen worden war. Der Tag kam und Josef wartete und hoffte und wartete und hoffte … und wartete und war bestimmt kurz vorm Aufgeben, denn man hatte ihn vergessen. Übersehen, nicht beachtet, nicht für wichtig genug gehalten. So saß er da, allein. Immer noch. Aber Gott schenkte Josef eine neue Perspektive. Dass er verkauft, hintergangen und vergessen wurde, wusste er noch, aber er konnte nach vorne sehen.

Und was er da sah, war kaum zu glauben! Gott ließ ihn die Träume des Pharaos deuten und diese sagten eine große Hungersnot vorher. Wenn es doch bloß jemanden gegeben hätte, der klug genug gewesen wäre, das ganze Land und auch die Nachbarländer zu retten, die sich immer nach Ägypten flüchteten, wenn bei ihnen schon längst kein Getreide mehr wuchs. Josef, mit neuer (göttlicher) Perspektive, sah seine Chance und ergriff sie. Gott ließ ihn von einem Gefangenen zu einem der höchsten Politiker werden! Gefangen in der komplizierten Vergangenheit des Vaters, gefangen in einem Brunnen, gefangen im Haushalt einer intriganten und rassistischen Frau, gefangen in einem ägyptischen Gefängnis. Gefangen in den Fehlern anderer. Berufen und befreit, ein ganzes Land zu retten, eine Großfamilie zu versöhnen und den Weg für Gottes Volk vorzubereiten.

Eine wichtige Sache habe ich in meiner Version der Josefsgeschichte noch nicht erzählt: Vor dem ganzen Drama, noch zu Hause, träumte Josef, dass seine Brüder und sogar seine Eltern sich vor ihm verbeugen würden. Auch wenn er es gern schon früher erlebt hätte, geschah das erst ganz am Ende der Erzählung. Der Junge, der damals seinen Brüdern von seinen größenwahnsinnigen Träumen erzählt hatte, wurde ausgelacht und komisch angeschaut. Er musste erst viel Schlimmes, aber auch Gutes erleben, damit wahr werden konnte, was er geträumt hatte. Das Ziel ohne den Weg dahin ist wertlos, um nicht zu sagen, es existiert gar nicht. Unser Happy End, die Versöhnung der Familie und die Rettung mehrerer Nationen, gibt es nur, weil Menschen Fehler gemacht haben und Gott sie genutzt hat, um Großes entstehen zu lassen!

Der Gott, den wir in der Geschichte von Rebekka, Jakob und Josef kennenlernen und den ich schon selbst erlebt habe, lässt sich nicht von unserem Versagen oder der Angst davor aufhalten! Er ist stärker als alle Peinlichkeiten und Fehler, die ich in meinem schüchternen Leben schon gemacht habe, und mächtiger als alle Verletzungen, die ich durch die Fehler anderer Menschen erleben musste!

Hinterher ergibt vieles Sinn und ich kann sehen, wie Gott Rebekka, Jakob und Josef in, durch und aus den Tälern ihres Lebens geführt hat. Das heißt nicht, dass er sich extra schwierige und leidvolle Situationen für uns ausdenkt, aber er kann das, was wir ertragen müssen, nutzen!

Während ich dieses Buch schreibe, muss ich ständig kurze Pausen machen, weil ich so überwältigt davon bin, was Gott aus den schmerzhaftesten Erfahrungen meines Lebens gemacht hat. Als ich mitten in ihnen drinsteckte und in einem Meer aus Tränen zu ertrinken drohte, hätte ich es nicht geglaubt. Als ich vor lauter Fragezeichen den Sinn meines Lebens und Glaubens nicht sehen konnte, hätte ich es nie für möglich gehalten. Aber: Introversion, Schüchternheit oder deine Persönlichkeit insgesamt ist kein Makel, mit dem Gott nicht umgehen könnte. Es ist vielmehr eine Stärke in einem Leben mit Gott. Denn, das habe ich jetzt verstanden, auf ihn kommt es an!

Ihr wolltet mir Böses tun, aber Gott hat Gutes daraus entstehen lassen.

Am Ende sind alle gleich viel wert

Jesus vergleicht Gott einmal mit dem Besitzer eines Weinbergs, um seinen Jüngern die folgenden zwei Fragen zu beantworten[3]:

- »Was bringt es uns eigentlich, dass wir alles für dich aufgegeben haben?«
- »Wer von uns ist eigentlich der Beste?«

Ein bisschen seltsam kommen mir diese Fragen schon vor, denn die Männer waren doch schon einige Zeit mit Jesus unterwegs gewesen und sie stellten sie, direkt bevor Jesus den schweren Weg zu seinem Prozess und dem Kreuz antrat. So unverschämt diese Fragen auch klingen mögen – sie sind total menschlich! Auch ich habe sie schon so ähnlich in diesem Buch gestellt – erinnerst du dich? Auf den ersten Seiten habe ich dir von meinen größten Glaubens- und Selbstzweifeln erzählt. Bei mir lauteten die Fragen deshalb:

- »Was bringt mir der Glaube eigentlich, wenn ich eh ›zu introvertiert‹ bin?«
- »Auffällige Menschen sind scheinbar besser als die zurückhaltenden … kann ich als stiller Mensch trotzdem gut genug sein?«

Um eine Antwort auf alle Versionen dieser beiden Fragen zu bekommen, schauen wir am besten direkt in den Bibeltext, den du in Matthäus 20,1-16 nachlesen kannst. Jesus vergleicht Gott hier, wie bereits gesagt, mit einem Weinbergbesitzer. Dieser ging, wie es damals üblich war, morgens auf den Marktplatz, wo schon viele Männer darauf warteten, als Tagelöhner angestellt zu werden. Das bedeutete in dem Fall, dass sie von 6 Uhr morgens bis 18 Uhr im Weinberg arbeiten. Als Lohn einigten sie sich auf einen Denar, was sehr fair war. Der Weinbergbesitzer wiederholte genau dieses Szenario im Dreistundentakt bis 17 Uhr, also eine Stunde vor Feierabend. Diese Male aber immer, ohne sich auf einen Lohn festzulegen. Am Ende des Tages zahlte er allen Arbeitern je einen Denar, egal, ob sie die ganzen zwölf Stunden oder nur eine Stunde gearbeitet hatten. Warum? Weil er es konnte. Vielleicht denkst du jetzt, dass das ungerecht gegenüber den ersten Arbeitern war. Das verstehe ich, aber sie haben bekommen, worauf sie sich vorher geeinigt hatten. Und die anderen brauchten genauso ihren Tageslohn, um sich und ihre Familien zu ernähren. Das ist Gottes Gerechtigkeit. Oder wie Jesus es formuliert:

> Genauso ist es bei Gott: Viele, die jetzt die Ersten sind, werden die Letzten sein, und die, die jetzt die Letzten sind, werden dann die Ersten sein.
> *Matthäus 20,16*

Den Spruch kennen wir alle, aber was bedeutet er eigentlich genau? Hat Jesus damals gemeint, dass die scheinbaren Verlierer bei Wettrennen oder beim Mensch-ärger-dich-nicht-Spielen schadenfroh grinsend an den lange Zeit Führenden vorbeiziehen? Ich glaube nicht. Es ist doch eher ein Am-Ende-sind-alle-gleich-(vielwert)! Gottes Liebe, Großzügigkeit und Gnade gilt für alle gleich! Jeder der Arbeiter hat das Recht, zu bekommen, was er zum Leben braucht – keinen Luxus, aber genug. Es kommt nicht darauf an, wann sie angefangen haben zu arbeiten, solange sie sich wenigstens kurz vor Schluss dem Weinbergbesitzer unterstellt haben. Genauso kommt es nicht darauf an, wann genau ein Mensch anfängt, Jesus zu folgen und sich als von Gott wunderbar geschaffen anzusehen, solange er es rechtzeitig tut! Es kommt nicht darauf an, wann du anfängst, in deine Identität, deine Persönlichkeit zu treten und auch so zu leben, solange du es tust! Es kommt nicht darauf an, wann du anfängst, dich selbst als ein Meisterwerk und ein Kind Gottes anzunehmen, solange du es mit ganzem Herzen tust!

Was aber klar ist: Je früher du damit anfängst, desto weniger Unsicherheit musst du erleben. Die Arbeiter, die elf Stunden ihres Arbeitstages auf dem Marktplatz rumstanden, wurden mit Sicherheit von Minute zu Minute unsicherer und mutloser. Ich wüsste nicht, ob ich es so lange dort ausgehalten hätte. Zusehen zu müssen, wie die Sonne über den Himmel wandert, wie andere Arbeiter

Jobs und damit auch Lohn, also ein gutes Abendessen, bekommen. Daran denken zu müssen, dass ich mit leeren Händen zurück nach Hause muss. Diese Unsicherheit, diese Minderwertigkeitsgefühle und Zweifel. Die hätte ich nicht ausgehalten. Also, warum dann noch warten? Warum dann noch auf deinem ganz persönlichen Marktplatz der Unsicherheit bleiben?

Komm aus dir raus! Nicht so, wie du jetzt denkst – du darfst trotzdem lieber denken als reden. Komm mal aus deinen Zweifeln raus, aus deiner Unsicherheit! Genau das habe ich mir einige Wochen nach der verletzenden WhatsApp-Nachricht meines Ex-Freundes gedacht. Gott sei Dank! Und es hat funktioniert. Nicht nur bei Mose und Jakob, sondern tatsächlich auch bei mir. Am Ende sind wir alle gleich viel wert: auffällige und ruhige Menschen. Am Ende hat Gott uns alle als seine Kinder geschaffen. Am Ende ist Jesus für uns alle gestorben und wieder auferstanden, für Extrovertierte, für Introvertierte, für mich und für dich!

ENTDECKE MEHR

Lies dir die Erzählungen von Mose, Jakob und Josef selbst noch einmal durch! Bestimmt wirst du noch viel mehr Interessantes über die Menschen aus den Erzählungen und dich selbst herausfinden.

- **Jakobs und Josefs Geschichte:** 1. Mose 25-50
- **Moses Geschichte:** 2. Mose–5. Mose
- **Die Geschichte der Arbeiter im Weinberg:** Matthäus 20,1-16

DRITTES KAPITEL

DER MOMENT, IN DEM ICH VERSTAND: »ICH BIN GENAU RICHTIG«

Es war Anfang 2020 und das dritte Semester meines Lehramtsstudiums fast geschafft. Eines Tages sprach ich mit einem Freund aus der Uni über stille Menschen. Ihn selbst schätzte ich auch als solchen ein. Also fragte ich ihn einfach direkt: »Du bist doch auch eher introvertiert, oder?« Ganz entsetzt antwortete er mir: »Was – ich? Ne, wie kommst du darauf?« Ähnlich überrumpelt erklärte ich ihm, was Introversion eigentlich bedeutet und warum ich glaubte, dass er zur stillen Sorte Mensch gehöre. Und dann machte es auch bei mir »klick«. Er hatte sich angegriffen gefühlt, weil er die Frage so verstanden hatte: »Du bist doch auch sehr schüchtern, oder?«

Wir leben in dem Glauben, dass alle zurückhaltenden Menschen automatisch schüchtern sind. Und Schüchternheit – das weiß ich aus eigener Erfahrung – bringt einen in unserer Gesellschaft leider nicht besonders weit! Von außen betrachtet sehen sich schüchterne und introvertierte Menschen sehr ähnlich: Sie sind nicht gern unter Leuten, stottern oder werden rot, wenn sie es dann doch mal sind, und wirken ziemlich geheimnisvoll oder sogar arrogant, weil sie niemanden an sich ranlassen – das ist das Klischee. Kein Wunder also, dass mein Studienfreund ganz sicher nicht in diese Ecke gesteckt werden wollte! Ich behaupte, die wenigsten Menschen wollen so sein. Tatsächlich ausgesucht hat sich Schüchternheit oder eine leise Persönlichkeit wahrscheinlich niemand. Und die ganzen Nachteile, die damit zusammenhängen, will erst recht keiner haben. Wenn du aber zu den Stillen oder Schüchternen gehörst, wovon ich ausgehe, da du gerade dieses Buch liest, dann habe ich gute Nachrichten für dich: Schüchternheit kann man überwinden und introvertiert zu sein ist viel besser, als du denkst!

Innerlich unterscheiden die beiden sich gewaltig! Diesen Unterschied musste ich erst verstehen, um glücklich mit meiner Introversion zu werden. Damit du das auch kannst, erkläre ich dir auf den nächsten Seiten, was dieses Fremdwort eigentlich bedeutet. Wenn du dieses Kapitel gelesen hast, dann weißt du besser, ob du introvertiert, schüchtern oder beides bist. Und du weißt etwas, was noch viel wichtiger ist: Du bist so, wie du bist, genau richtig!

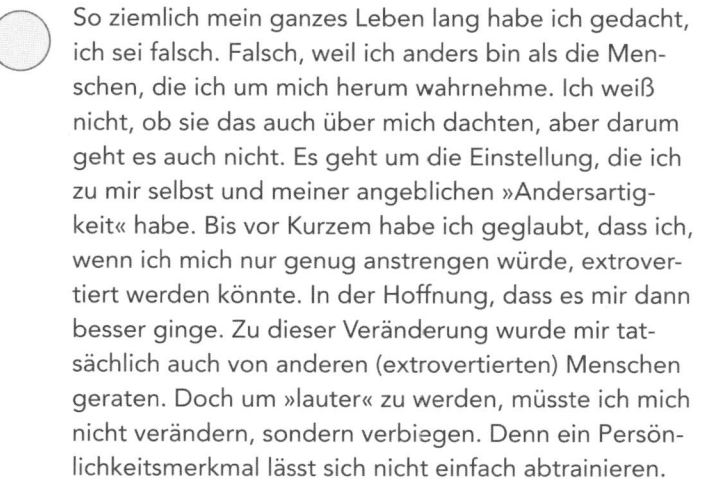

So ziemlich mein ganzes Leben lang habe ich gedacht, ich sei falsch. Falsch, weil ich anders bin als die Menschen, die ich um mich herum wahrnehme. Ich weiß nicht, ob sie das auch über mich dachten, aber darum geht es auch nicht. Es geht um die Einstellung, die ich zu mir selbst und meiner angeblichen »Andersartigkeit« habe. Bis vor Kurzem habe ich geglaubt, dass ich, wenn ich mich nur genug anstrengen würde, extrovertiert werden könnte. In der Hoffnung, dass es mir dann besser ginge. Zu dieser Veränderung wurde mir tatsächlich auch von anderen (extrovertierten) Menschen geraten. Doch um »lauter« zu werden, müsste ich mich nicht verändern, sondern verbiegen. Denn ein Persönlichkeitsmerkmal lässt sich nicht einfach abtrainieren.

Da ich aber trotzdem mein Leben als stiller Mensch verbessern will, habe ich beschlossen, die Introversion mutig anzunehmen und selbstbewusst damit zu leben. Ich bin nicht falsch, weil ich introvertiert bin, höchstens anders, aber das sind wir alle!

Lass uns zu unserer Persönlichkeit stehen und uns trauen selbstsicher zu leben!

Instagram-Posting vom 24. 11. 2017

Wunderbar geschaffen: Gott hatte keinen schlechten Tag, als er dich schuf!

Ich glaubte viele Jahre lang, nicht wertvoll zu sein, weil ich zu still bin. Das betraf die Schule, weil ich wenige Freunde hatte, die Gemeinde, weil ich selten Lust auf die vielen Menschen und das gefühlt oberflächliche Gerede hatte, und sogar die Zeit, die ich allein war – denn allein, so dachte ich, sind ja nur seltsame Menschen. Ich hätte aber liebend gern mein Leben getauscht mit einem der beliebten und lustigen Mädchen aus meiner Klasse oder mit meinen Freundinnen aus der Gemeinde. Sie schienen perfekt! So wollte ich auch sein. Aber so sehr ich mich auch anstrengte, ich schaffte es nicht. Ich war – und bin bis heute – eben still und lieber im Hintergrund als im Mittelpunkt.

Das alles beeinflusste, wie ich über mich dachte: »Das kann doch gar nicht sein, dass Gott mich so gewollt hat! Da muss ganz sicher etwas schiefgelaufen sein an dem Tag, als er sich mich ausgedacht hat. Oder habe ich irgendwann mal irgendetwas so richtig falsch gemacht und das ist jetzt die Strafe dafür?« Ja, genau, so ein Bild hatte ich einige Jahre von mir und von Gott. Dabei kannte ich die Bibelstellen, die exakt das Gegenteil behaupten. Die Bibel stellt schon ganz am Anfang klar, wie Gott uns Menschen sieht und was er sich für uns ausgedacht hat.

So schuf Gott die Menschen nach seinem Bild, als Gottes Ebenbild schuf er sie und schuf sie als Mann und als Frau. Und Gott segnete die Menschen und sagte zu ihnen: »Seid fruchtbar und vermehrt euch! Füllt die ganze Erde und nehmt sie in Besitz! Ich setze euch über die Fische im Meer, die Vögel in der Luft und alle Tiere, die auf der Erde leben, und vertraue sie eurer Fürsorge an.« Und Gott sah alles an, was er geschaffen hatte, und sah: Es war alles sehr gut. Es wurde Abend und wieder Morgen: der sechste Tag.

1. Mose 1,27-28.31; GNB

So. Gott denkt sich unsere ganze Welt aus, alle Tiere und Pflanzen, gibt sich richtig Mühe und findet alles immer »gut«, so steht es in den Versen vorher. Dann kreiert er uns Menschen und legt alles, was er vorher geschaffen hat, in unsere Hände und findet all das »sehr gut«. Wenn du mich fragst, war das ganz schön gewagt! Aber Gott vertraut uns und er hat den besten Grund dafür: Wir sind sein Ebenbild! Das muss nicht heißen, dass du so aussiehst wie Gott, sondern es ist eher auf deine Aufgabe und deine Verantwortung für dich und den Rest der Schöpfung bezogen. Du bist Gottes Ebenbild! Und er findet dich sehr gut! Schon von Anfang an und egal, was du seitdem gemacht oder gedacht hast. Egal, was andere seitdem mit dir gemacht oder über dich gedacht haben – du bist in Gottes Augen sehr gut!

In Psalm 8 schaut ein Dichter in den Himmel und fühlt sich ganz klein und unbedeutend angesichts der Weite und der majestätischen Himmelskörper, die er da sieht. Kommt dir das Gefühl bekannt vor? Klein und unbedeutend? In den Momenten, in denen ich mich etwas nicht getraut und damit eine Chance verpasst habe oder mir meine leise Art sonst im Weg stand, habe ich mich so gefühlt. An »sehr gut« war da gerade nicht zu denken! Aber der Dichter bleibt nicht bei seinen traurigen Gefühlen, er erinnert sich daran, wie wichtig er Gott ist und was dieser in der Schöpfungsgeschichte über die Menschen sagt. Danach zählt er auf, was Gott ihm für Aufgaben gegeben hat, und zeigt, welche Würde er durch seine Gotteskindschaft bekommen hat.

Niemand kann dir deine Würde nehmen, Gott hat sie dir ein für alle Mal gegeben! Und es kommt noch besser – Gott sieht dich als so mächtig und würdevoll wie eine Königin an, egal, wie klein du dich auch fühlen magst. Du bist sehr gut! So weit, so gut. Aber wie siehst du dich? Wahrscheinlich kennst du die Schöpfungsgeschichte schon und weißt auch, dass Gott dich liebt. Jetzt drehen wir uns einmal um und fragen uns, liebe ich mich auch, so wie Gott mich geschaffen hat? Nehme ich an, was Gott sich für mich ausgedacht hat?

Ein Dichter aus der Bibel ist da mein großes Vorbild. Er sagt etwas, das mich umhaut und das ich auch gern auf mich bezogen zu Gott sagen würde.

> Herr, ich danke dir, dass du mich so wunderbar und einzigartig gemacht hast.

Der hat es verstanden. Er schaut sich an und empfindet Dankbarkeit, Achtung und Bewunderung für sich selbst und Gott, der ihn erschaffen hat. Aber wie kommen wir jetzt dahin? Es ist Übungssache, sich so zu sehen. In einer Umgebung, die uns ständig sagt, dass wir uns komplett ändern müssen, um mithalten zu können, ist es schwierig, an sich selbst und nicht die Lügen anderer über uns zu glauben. An einer anderen Stelle im Buch erkläre ich dir, wie du mit solchen Lügen Schluss machst. Jetzt möchte ich dir erst mal nur sagen: Gott hat dich wunderbar geschaffen! Du verdienst es, mit Dankbarkeit, Achtung und Bewunderung angesehen zu werden – von dir und den Menschen um dich herum!

Wenn ich einen Sonnenauf- oder Sonnenuntergang sehe, dann fühle ich genau das: Ich bin dankbar, dass ich lebe, und staune nur so darüber, was Gott da Wunderschönes für uns geschaffen hat. Wenn Gott etwas erschafft, dann ist es etwas Gutes, das uns zum Staunen über ihn bringt. Als ich bei einem Abendspaziergang auf einem hohen Berg den Sonnenuntergang sah, fiel mir etwas auf. Die meisten Menschen wenden sich der Sonne zu, um zu sehen, wie sie am Horizont auf- oder untergeht und ihn bunt färbt. Sie schauen auf das helle Spektakel, werden magisch angezogen von dem Licht. Niemand dreht der Sonne den Rücken zu. Dann würde man ja das Beste verpassen, oder etwa nicht? Wenn man sich traut und den Sonnenuntergang mal aus den Augen lässt, sieht man einen wunderschönen Himmel – mit Wolken, wie sie einzigartiger nicht sein könnten. Majestätisch, ruhig und erhaben hängen sie am Himmelszelt. Ein Farbenspiel, das dem rot-gelb glühenden Ball auf der gegenüberliegenden Seite ordentlich Konkurrenz macht!

So ähnlich sehe ich die stillen Menschen. Wir werden zwar oft übersehen, weil die meisten von großen Auftritten und strahlenden Persönlichkeiten angezogen werden. Wenn man sich dann aber doch mit uns zunächst unauffälligen Menschen auseinandersetzt, erkennt man, wie schön, einzigartig und wertvoll auch wir sind.

Und noch etwas können wir vom Sonnenuntergang lernen: Introversion und Extroversion, die »offenere« Art Mensch, liegen sich wie auf einer Skala gegenüber.[4] Dazwischen gibt es ganz viel Platz für Schönheit und Einzigartigkeit. Jeder Mensch ist irgendwo auf dieser Bandbreite einzuordnen und hat einen Platz zwischen den Extremen, an dem er oder sie sich besonders wohlfühlt. Gott hat uns alle strahlend erschaffen und zusammen ergeben wir, die lauten und die leisen Menschen, ein großartiges Kunstwerk. Ich sehe es an und empfinde Dankbarkeit, Achtung und Bewunderung. Du auch?

Das übersehene Drittel

»Warum bin denn nur *ich* so? Was ist denn mit mir schiefgelaufen, dass gerade *ich* so anders bin?« Das habe ich mich oft gefragt. Mittlerweile weiß ich, dass ich nicht der einzige stille Mensch auf diesem Planeten bin, und das fühlt sich gut an!

In den USA, wo die meisten *Outgoing-Menschen* leben, haben Forscher in den 1990er- und frühen 2000er-Jahren in Studien herausgefunden, dass mindestens die Hälfte der dort lebenden Menschen introvertiert ist. Der größte Anteil, den wir Stillen ausmachen sollen, lag sogar bei 50,7 Prozent![5] Auch wenn die Studien in den USA durchgeführt wurden, sagen sie etwas über Deutschland aus. Die Deutschen gelten bei Weitem nicht als so kontaktfreudig und offen wie die Einwohner der Vereinigten Staaten, also könnte der Anteil stiller Menschen hier noch etwas höher sein, als in den Studien herausgefunden wurde. Genau genommen bedeutet das, jeder dritte, wenn nicht sogar jeder zweite Mensch in deinem Umfeld gehört zur ruhigen Sorte!

Hättest du das gedacht? Meine Schätzung hätte zu (Bibel-) Schulzeiten ganz anders ausgesehen. Bevor ich von diesen Studien gehört hatte, dachte ich, ich wäre ein Alien. Ich war überzeugt: In diese Welt passe ich irgendwie nicht. Vor allem in meiner Kirche fühlte ich mich irgendwie fehl am Platz – und tue das manchmal auch heute noch. Würde man die Studien dort durchführen, kämen wahrscheinlich auch leicht andere Ergebnisse heraus. Der Anteil der Menschen, die es gern gesellig und lauter mögen, wäre dort vermutlich deutlich höher. Zumindest ich empfinde es so, dass es unter Christen häufig eins ist – gesellig und laut. Natürlich gibt es auch zurückhaltende Menschen, die an Gott glauben. In den Gottesdiensten und bei anderen Veranstaltungen sehen wir aber vor allem diejenigen, die sich dort wohlfühlen: die Moderatorin, den Musiker, die Predigerin und so weiter. Mindestens genauso wichtig, vielleicht aber nicht so sichtbar, sind die Menschen, die im Hintergrund die Jugendfreizeit organisieren, die Räume sauber machen oder die Finanzen verwalten. Wenn du ebenfalls ein stiller Mensch unter Christen bist, wirst du dich bestimmt auch schon mal übersehen und ein bisschen fremd gefühlt haben. Das liegt daran, dass Gleich und Gleich sich nun mal gern gesellt und wir so den Eindruck haben, in Gemeinden sind eher die quirligeren Menschen unterwegs. Versteh mich bitte nicht falsch – das alles ist kein Grund, von heute auf morgen den Glauben und deine Kirche an den Nagel zu hängen! Ganz im Gegenteil! Ich will dich einladen, beides neu oder zum ersten Mal so richtig zu entdecken, und zwar auf unsere stille, strahlende Art.

Deine einzigartige Persönlichkeit

Art, Temperament, Persönlichkeit, Charakter. Es gibt so viele Begriffe, um das Wesen einer Person zu beschreiben: Was dich ausmacht, was dir wichtig ist, wie du in bestimmten Situationen reagierst. Ich erinnere mich an meine Teeniezeit und die Persönlichkeitstests in verschiedenen Mädchenzeitschriften, bei denen ich mir nie so sicher war, ob ich den Ergebnissen trauen sollte oder lieber nicht. Aber es hilft uns Menschen, Klarheit zu haben und die Dinge benennen zu können – auch wenn wir vieles gar nicht komplett mit Worten beschreiben können. Deine Persönlichkeit ist viel mehr, als ein pseudo-psychologischer Test in einer Zeitschrift behauptet oder irgendein Wissenschaftler erforschen kann. Du bist ein Wunder, das Gott geschaffen hat.

Damit du dich selbst und vielleicht auch andere Menschen doch etwas besser verstehen kannst, ist es sinnvoll, deine Persönlichkeit ein bisschen genauer kennenzulernen. Dafür fangen wir ganz vorne an: Was ist eine Persönlichkeit überhaupt?

Per•sön•lich•keit
/Persönlichkeit/

Substantiv, feminin [die]

Gesamtheit der persönlichen (charakteristischen, individuellen) Eigenschaften eines Menschen, die ihn von anderen seines Alters und seiner Kultur unterscheiden.

Ganz automatisch hat jeder gesunde Mensch schon eine Vorstellung davon, was Persönlichkeit bedeutet. Wir versuchen die Persönlichkeit von anderen Menschen innerhalb von Sekunden einzuschätzen. Nicht nur ihr Äußeres, sondern auch typisches, sich wiederholendes Verhalten führen zu dem berühmten »ersten Eindruck«. Alles, was an einem Menschen leicht zu beobachten und einzigartig ist, lässt uns seine Persönlichkeit erkennen. Das hilft uns dann, mit ihm umzugehen.

Um etwas mehr Klarheit zu schaffen, haben Psychologen mit der Hilfe von Forschungsergebnissen, die jahrzehntelang gesammelt wurden, Modelle entwickelt, die uns helfen, die Persönlichkeit noch besser zu beschreiben. Das bekannteste und am besten geeignete ist das OCEAN-Modell mit den Big Five der Persönlichkeit.[6] Diese fünf Merkmale hat jeder Mensch in unterschiedlicher Ausprägung, weshalb sie ihn am besten beschreiben. Der Name OCEAN setzt sich aus den Anfangsbuchstaben der englischen Wörter für diese Merkmale zusammen. Im deutschen ist das Modell so aufgebaut:

Openness	Offenheit für neue Erfahrungen
Conscientiousness	Gewissenhaftigkeit
Extraversion	Extroversion
Agreeableness	Verträglichkeit
Neuroticism	Emotionale Stabilität

Die Extroversion zeigt sich bei Menschen, wenn sie ausgeprägt ist, dadurch, dass sie aktiv sind und oftmals erst sprechen und dann über das Gesagte nachdenken. Genauso zeigen sie ungehemmt ihre Gefühle und sind gern und oft mit anderen zusammen.

FUN FACT

Eigentlich wird der Fachbegriff Extraversion geschrieben. Im Alltag sprechen die meisten Menschen aber von Extroversion. Lustig eigentlich, dass man sich hier einmal nach uns Stillen und unserem Fachbegriff (Introversion) richtet.

Vielleicht wunderst du dich jetzt, dass Introversion hier gar nicht dabei ist. Wenn es doch scheinbar so viele Menschen betrifft, warum gehört es dann nicht zu den gängigen Merkmalen?

Introversion wird von vielen als der Gegensatz zur Extroversion gesehen. Stell dir mal eine Skala vor: Auf der einen Seite die Extroversion, auf der anderen die Introversion. Wie in meinem Beispiel vom farbenfrohen Himmel im Sonnenuntergang liegen sich die beiden also als äußere Pole eher gegenüber. Demnach könnte man auch sagen, dass Introversion »das Fehlen von Extroversion« ist. Sprich: Nach diesem Modell würde man stille Menschen auf der Extroversions-Skala eher bei einem niedrigeren Wert einordnen. Da sich das aber so anhört, als würde uns stillen Menschen etwas fehlen, bleibe ich beim Begriff Introversion. Wie diese beiden Wörter überhaupt zustande gekommen sind und was sie übersetzt bedeuten, erfährst du gleich.

Es gibt Persönlichkeitsmerkmale, die eher gut klingen, und andere, die du vielleicht lieber nicht haben willst. Aber was oben genannt ist, sind Extremformen! Die wenigsten Menschen sind so gestrickt, dass man sie an den Rändern der Skala einordnen muss. Alle Ausprägungen, bis auf die Extreme, sind gesund und wichtig für unsere Gesellschaft! Wir brauchen Menschen, die nicht beim Alten und Bekannten bleiben wollen, genauso wie diejenigen, die das, was gut ist, schützen. Manchmal braucht es große Vorsicht und die Zweifel von einem ängstlicheren Typ, ein anderes Mal muss man einfach mal machen, um zu sehen, was passiert. Friedenstifter sind ebenso notwendig wie Menschen, die sich gegen festgefahrene Dinge auflehnen. Das gilt für die ganze Welt, dein persönliches Umfeld und für Gottes Reich. Keine Persönlichkeit ist besser oder schlechter! Wenn wir es richtig anstellen, können wir voneinander lernen und unsere Schwächen gegenseitig ausgleichen, anstatt alle, die anders als wir sind, auszugrenzen.

Ich sehe ein Wunder in der Verschiedenheit der Menschen! Keiner gleicht dem anderen – wie kreativ Gott doch ist! Er hätte uns alle gleich machen können, doch er wollte, dass genau *du* so bist, wie du eben bist! Gott wollte dich exakt so. Er hat sich für dich entschieden!

Introversion als Merkmal deiner Persönlichkeit

Ich glaube, Gott hat Humor. Auch wenn dieser Satz schon ein bisschen abgedroschen klingt, kann ich bei der Geschichte, die ich jetzt erzählen möchte, gar nicht anders, als sie mit diesem Satz zu beginnen. Ob sie komplett wahr ist, weiß ich nicht, aber sie ist einfach sehr passend.

Carl, der Psychologe, und sein Freund

Carl arbeitete als Psychologe. Er war studiert und gebildet und hatte eine enge Brieffreundschaft mit einem anderen Psychologen, der allerdings zwanzig Jahre älter war. Bei ihrem ersten Treffen unterhielten sich die beiden Männer angeblich ganze dreizehn Stunden und tauschten sich über ihre Forschungen aus. Auch wenn ihre Interessen ähnlich waren, so waren es ihre Persönlichkeiten ganz und gar nicht. Carl soll ein Mann gewesen sein, der alles sehr ernst nahm. Sein Kollege war forsch und wirkte dominant, was Carl sicherlich beeindruckte. Sie profitierten beide von ihrer Freundschaft – Carl lernte viel und sein älterer Freund fand einen Unterstützer, von dem er hoffte, er würde sein Nachfolger werden. Doch nach einigen Jahren der engen Freundschaft kritisierte Carl die Forschungsergebnisse seines Freundes in einem Buch so heftig, dass ein Streit zwischen den beiden ausbrach. Die wissenschaftlichen Uneinigkeiten wurden schnell persönlich und eines Tages hielt Carl einen Brief in der Hand, in dem ihm sein Kollege die Freundschaft kündigte.[7] Ihre Freundschaft war schon dadurch belastet, dass beide sehr unterschiedlich waren und scheinbar nicht damit umgehen konnten. Im Gegenteil: Der ältere Kollege stellte die Ausprägung der Persönlichkeitsmerkmale von Carl in seinen Schriften sogar negativ dar. Er war davon überzeugt, dass seine eigene Ausprägung die gesunde war. Das beschäftigte Carl sehr, denn immerhin ging es um wichtige Forschung und eine Freundschaft! Carl machte sich also daran, die Unterschiede zwischen ihm und seinem älteren, oft unbedacht wirkenden Kollegen zu erforschen. Es musste doch eine logische Erklärung für den Streit geben! Nächtelang lag Carl wach und drehte Runden auf dem Gedankenkarussell, er las Bücher, unterhielt sich mit anderen Menschen und machte sich Sorgen. Doch dann kam er zu einem Ergebnis: Die »Typenlehre« war geboren.

Noch heute stützen wir uns auf die Forschung von Carl, der übrigens im 19./20. Jahrhundert gelebt hat und dessen voller Name Carl Gustav Jung lautet. Auch einige andere Wissenschaftler haben daran geforscht, aber den wirklichen Durchbruch erzielte Carl, weil er sich den Streit mit seinem Freund und Kollegen Sigmund Freud erklären wollte – so zumindest besagt es eine Erzählung.[8]

Der stillere Carl, der offensichtlich nicht aufhören konnte, über den Streit mit Sigmund nachzudenken, liefert uns die Bezeichnungen »introvertiert« und »extrovertiert« direkt aus seinem eigenen Leben und präsentiert uns damit schon lebhaft Stärken und Schwächen von leisen Persönlichkeiten. Aus dieser Geschichte und der Forschung von Carl Gustav Jung können wir die ersten Definitionen für dieses Persönlichkeitsmerkmal ziehen, das laut ihm sogar das einflussreichste der fünf ist.[9]

intro•ver•tiert
/introvertiért/

Adjektiv

Nach innen gerich-
tet

----

ex•tro•ver•tiert
/ɛktstrovɛrˈtiːɐ̯t,extrover
tiért/

Adjektiv

Nach außen gerichtet

Ein Merkmal, zwei Ausprägungen

Carl Gustav Jung beschreibt stille Menschen als introvertiert, was
übersetzt »nach innen gerichtet« heißt. Menschen, die sich auf
der anderen Seite der Skala befinden, gelten als extrovertiert, was
»nach außen gerichtet« bedeutet. Unter diesen Formulierungen
kann man sich schon mehr vorstellen als unter den Fremdwörtern
Introversion und Extroversion, da sie uns auch im Alltag immer
wieder begegnen. Vermutlich hast auch du schon mal gehört, wie
jemand gesagt hat, dass er eher introvertiert sei.

Jetzt schauen wir uns aber noch genauer an, was nach innen
gekehrte Menschen ausmacht und sie von den nach außen gekehr-
ten unterscheidet. Auch wenn es sich vielleicht so anhört, als gäbe
es nach den Forschungsergebnissen von Carl Gustav Jung ein Mus-
terexemplar des stillen Menschen, ist das nicht der Fall. Da sich
alle Menschen irgendwo auf der Skala bewegen – und tatsächlich,
sie bewegen sich in ihrer Komfortzone hin und her –, gibt es ganz
unterschiedliche Introvertierte. Die folgende Beschreibung gilt also
nicht für jeden gleichermaßen.

Nicht dem Erlebnis selbst, sondern vielmehr der Bedeutung
der Erlebnisse um dich herum weist du einen hohen Wert zu.
Deine Handlungen richtest du ebenfalls danach aus, welchen
Wert sie für dein Innenleben haben.[10]

Dieses Zitat kann ich für mich persönlich nur unterschreiben. Ich suche die Bedeutung hinter den Dingen. Mit einem »Danke, mir geht's gut und dir?« gebe ich mich nicht zufrieden und das, was ich mache und sage, habe ich mir gut überlegt. Manchmal habe ich sogar das Gefühl, dass selbst das Nichtstun einen tieferen Sinn für mich haben muss. Auch wenn es manchmal so aussieht, als würde ich nur irgendwo rumsitzen, ist in meinen Gedanken jede Menge los. Um mich herum kann es noch so leise sein – plötzlich merke ich, wie laut es in mir drinnen ist, so vertieft bin ich in meine Gedanken. In einem Lehrbuch für Persönlichkeitspsychologie wird dieses Phänomen so beschrieben: »verschlossen, schwer durch-schaubar und mit intensivem Fantasie- und Gefühlsleben bei wenig Gefühlsausdruck«[11]. Ja, das ist es. In meinen Kopf passt eine ganze Welt, aber von außen sieht man mir das nicht an. Ich denke lieber, als dass ich rede. Und noch viel wichtiger: Ich denke erst und rede dann! Bei Menschen, die eher extrovertiert sind, ist es anders. Sie zeigen große Gefühle und denken eher wenig darüber nach. Bei einigen in meinem Umfeld habe ich sogar den Eindruck, sie spre-chen oftmals nur deswegen, um über eine Sache überhaupt erst nachdenken zu können.

Aber woran kann man denn nun ganz genau den Unterschied zwischen den beiden Ausprägungen erkennen? Mit Merkmalen wie »besser« oder »schlechter« jedenfalls nicht. Auch nicht mit den Merkmalen »laut« oder »leise«, denn in meinem Kopf kann es durchaus ziemlich laut zugehen. Am Aussehen unterscheiden wir uns auch nicht unbedingt und ich würde lügen, wenn ich behaup-ten würde, keine Freunde zu haben.

Der wichtigste Punkt in der Unterscheidung von nach innen und nach außen gerichteten Menschen ist die Art, auf die sie Energie gewinnen. Nach einem langen Tag in der Uni brauche ich meine Ruhe. Es ist anstrengend, die ganze Zeit von Menschen umgeben zu sein und keinen Ort zu haben, an dem ich nur für mich sein kann. Das war schon früher so: Während meine Klassenkameraden sich nach der Schule mit Freunden verabredet oder Mannschaftssport gemacht haben, reichte mir mein Zimmer völlig aus. Es war mir schon fast heilig. Ich habe es besonders schön eingerichtet und es war mein Ort, um meine Akkus wieder aufzuladen. Dort las ich, hörte Musik oder war kreativ. Heute mache ich Kraftsport im Fitnessstudio, gehe spazieren oder lese ein gutes Buch. Du merkst, worauf ich hinauswill – ich mache etwas allein, nur für mich, nur mit mir. Stille Menschen laden ihre Akkus am besten bei ruhigen Beschäftigungen auf.

»Eine Party am nächsten Wochenende? – Da kann ich leider nicht, ich hab schon einen Termin (mit meiner Couch)!« Früher habe ich mich dafür geschämt, dass ich so gar keine Lust auf »feiern gehen« hatte. Weshalb sollte ich mir meinen Schlafrhythmus zerstören, indem ich mich mit vielen anderen Menschen in einen Klub zwänge, in dem ich wegen der lauten Musik und der Lightshow fast die Orientierung verliere? »Gebetstreffen mit der Jugendgruppe und danach noch spontan irgendeine coole Aktion? – Natürlich bete ich, aber das geht auch gut von zu Hause aus! Und für spontane Action kann ich ja immer noch ein Buch lesen oder mich heute mal andersherum aufs Sofa legen.« – »Ach die Zimmeraufteilung für die Freizeit besprechen wir erst vor Ort? – Gut, dann steht euch jetzt ein Bett mehr zur Verfügung. Wer weiß schon, was dabei Gutes rauskommen kann …«

So könnte ich noch ewig weitermachen! Was für die einen total unproblematisch und sogar noch spaßig ist, ist für die anderen eine riesige Herausforderung. Denn ganz im Gegensatz zu uns Stillen tanken unsere *Outgoing-Mitmenschen* bei genau diesen Dingen auf. Die Gemeinschaft mit anderen gibt ihnen Energie und sie blühen darin so richtig auf.

Und zwischen den Extremen?

Natürlich gibt es nicht nur die beiden Extreme. »Zentrovertiert« oder auch »ambivertiert« werden die Menschen genannt, die mit ihrer Persönlichkeit in der Mitte der Skala zu finden sind. Sie fühlen sich in beiden Richtungen wohl.[12] Es kann auch gut sein, dass du gern viel Zeit mit anderen Menschen verbringst, aber trotzdem mehr Ruhezeiten brauchst als so mancher nach außen gerichtete Mensch. In dem Fall würde dich Sylvia Löhken, eine Autorin, als »Flex-Intro« bezeichnen. Die sogenannten »Flex-Intros« sind laut ihr »Menschen, die leicht extrovertieren können«[13]. Wenn diese Beschreibung auf dich zutrifft, ordnest du dich auf der Skala näher bei der Introversion ein, deine Komfortzone lässt aber zu, dass du auch viel Kontakt zu anderen hast. Ähnlich, aber ziemlich ungesund, ist es, wenn stärker introvertierte Menschen sich ständig außerhalb ihrer Wohlfühlzone bewegen. »Komm doch mal mehr aus dir raus!« – dieser Satz hat mich auch schon öfter dazu bewegt, mich so zu verhalten, wie ich es eigentlich nicht tun würde. Ich habe mich verstellt und verbogen, um dazuzugehören. So etwas kann nicht das ganze Leben lang gut gehen. Das habe ich zum Glück erkannt und mich deshalb mehr mit meiner Persönlichkeit beschäftigt: Ich wollte all das Gute an ihr entdecken, damit ich endlich mehr in meiner Komfortzone und ohne schlechtes Gefühl leben konnte. Dabei hat mir besonders eine Erkenntnis geholfen, von der ich dir jetzt mehr erzählen werde.

Der Ursprung der Stille: zwei Experimente

Wo du dich auf der Skala zwischen »nach innen gerichtet (introvertiert)« und »nach außen gerichtet (extrovertiert)« befindest, hängt von verschiedenen Dingen ab.

Zum einen ist die Situation entscheidend, in der du dich gerade befindest. Bei einer Gruppenarbeit oder einem Referat muss man wohl oder übel mehr aus sich herauskommen, als man das eigentlich tun würde. Das ist zwar nicht so angenehm, für diese kurze Zeit aber in Ordnung. Darüber hinaus ist die Ausprägung auch mit dem Alter verknüpft. Je älter du wirst, desto mehr findest du dich in der Mitte der Skala wieder. Ähnlich ausschlaggebend wie die Situation ist auch die Kultur, in der du lebst. In den USA wirst du dich mit großer Wahrscheinlichkeit extrovertierter verhalten als zum Beispiel in Japan, dem »leisesten« Land der Welt. Aber am wichtigsten ist der Faktor Persönlichkeit. Ob du ein nach außen still wirkender Mensch bist oder gern viele Menschen und Aufregung um dich herum hast, hängt von deiner Persönlichkeit ab![14] Was die Persönlichkeit ist, haben wir schon geklärt, nämlich alle Eigenschaften, die dich ausmachen und von Menschen deines Alters und deiner Kultur unterscheiden. Wo diese Eigenschaften und damit auch die Introversion herkommen, wissen wir noch nicht – aber gleich.

Deine Persönlichkeitsmerkmale sind zum einen Teil angeboren und zum anderen Teil hast du sie durch die Erfahrungen, die du gemacht hast, gelernt. Anders formuliert: Du kannst nichts für deine Introversion! Lass das erst mal sacken. Es ist nicht etwa irgendeine Strafe oder etwas, womit Gott dich ärgern will. Auch nichts, was deine Eltern sich für dich ausgedacht haben. Und erst recht nichts, was du komplett ändern kannst oder müsstest! Deine Persönlichkeit ist einfach da. Sie ist ein Geschenk des Lebens an dich. Oder wie Melina Royer, eine Bloggerin und Autorin, sagt: »Die Frage nach den Ursachen der Schüchternheit ist keine Schuldfrage.«[15] Du kannst nichts für sie – du solltest aber lernen, mit ihr zu leben, sonst machst du dir dein Leben schwer.

Lass mich dir von zwei Experimenten erzählen. Ein amerikanischer Forscher hat viele Menschen am Anfang ihres Lebens und im Kindesalter erforscht. Ein Kollege von ihm hat die gleichen Personen noch mal getroffen, als sie schon erwachsen waren. Den

Babys wurde buntes Spielzeug vorgesetzt, ein Wattestäbchen, das in Alkohol getränkt wurde, unter die Nase gehalten und sie wurden anderen starken Reizen ausgesetzt. Jerry Kagan, der Wissenschaftler, wollte herausfinden, wie die erst vier Monate alten Babys auf sie reagieren. Ein Fünftel der kleinen Probanden reagierte heftig, indem sie strampelten oder anfingen zu weinen. Zwei weitere Fünftel zeigten kaum eine Reaktion und der Rest lag irgendwo dazwischen. Dieser eine Versuch allein sagt noch relativ wenig aus, weshalb Kagan ähnliche Experimente wiederholte, als die Kinder zwei, vier, sieben und elf Jahre alt waren. Dabei konnte er feststellen, dass die Kinder, die sehr heftig und laut auf die Reize reagiert hatten, also das erste Fünftel,»eine eher ernste, vorsichtige Persönlichkeit«[16] entwickelt hatten. Du und ich wären vermutlich in dieser Gruppe gewesen. Alle Kinder, die ruhiger reagiert hatten, waren»eher lockere und zuversichtliche Typen«[17], also nach außen gerichtete Menschen. Auch körperliche Messwerte wie Puls, Blutdruck und Fingertemperatur unterstützten die Ergebnisse.[18] Die »lauten« und empfindlicheren Babys wurden zu stilleren Kindern und, wie Kagans Kollege später feststellte, zu introvertierten Erwachsenen.[19] Was bedeutet das aber jetzt für uns?

Ob du ein stiller Mensch bist oder jemand, der aus sich rauskommt, ist in dir festgelegt, wenn du auf die Welt kommst. Wie gesagt: Du kannst nichts für deine Persönlichkeit! Auch wenn deine Lebensumstände noch einen Einfluss darauf haben, wie stark die Ausprägung ist, wirst du eher introvertiert oder eher extrovertiert geboren. Für den Fall, dass du es immer noch nicht glauben kannst, habe ich noch ein zweites Experiment für dich. Es beweist, dass unsere Gene einen größeren Einfluss als unser Umfeld darauf haben, ob wir nach innen oder außen gerichtet sind.

Eineiige Zwillinge, die getrennt voneinander aufwuchsen, sind sich ähnlicher als zweieiige Zwillinge, die zusammen aufwuchsen.

Um herauszufinden, ob etwas genetisch bedingt ist, werden oft Studien mit Zwillingspaaren gemacht. Darunter gibt es dann welche, die zum Beispiel wegen Adoption in unterschiedlichen Familien groß geworden sind, und andere, die »nur« zweieiig sind, was bedeutet, dass sie keine komplett identischen Gene haben. Wären die zweieiigen Zwillinge, die zusammen aufgewachsen sind, sich ähnlicher als die getrennt lebenden eineiigen Zwillinge, wäre die Ursache eine Prägung durch das Umfeld. Das ist in unserem Fall aber nicht so. Die Gene spielen also eine wichtigere Rolle, wenn es um die Ursache für Introversion geht.[20]

Was dein Gehirn mit deiner Persönlichkeit zu tun hat

Jetzt, wo die Ursache klar ist, können wir uns die Wirkung der Gene, die für unsere Introversion verantwortlich sind, ansehen. Kurz gesagt: Das Gehirn stiller Menschen ist aktiver. Wir sind im Kopf so gebaut, dass das Gehirn, selbst wenn es eigentlich gar nicht arbeiten müsste, trotzdem noch auf Hochtouren läuft. Es werden mehr Reize wahrgenommen und verarbeitet als in den Köpfen von extrovertierten Menschen. Was nicht zwangsläufig bedeutet, dass Introvertierte schlauer sind – sie sind »neuronal aktiver«, wie es in der Fachsprache heißt. Aus diesem Grund brauchen stille Menschen auch eher Rückzugsorte und Ruhepausen.[21] Für diese Eigenschaft ist ein Bereich im Gehirn besonders wichtig, der sogenannte Mandelkern. Er »empfängt Informationen von den Sinnesorganen und signalisiert dem übrigen Gehirn und Nervensystem, wie sie zu reagieren haben«[22]. Du kannst dir den Mandelkern also als eine Art Türsteher oder Empfangsschalter vorstellen. Alles, was du wahrnimmst, und alles, was in deine Gedanken will, kommt als Erstes beim Mandelkern an. Der schickt die ankommenden Informationen dann weiter und sagt dem Rest des Gehirns und den Nerven im ganzen Körper, wie sie mit den Infos umgehen sollen. Eine superwichtige Aufgabe! Der Mandelkern ist der Teil des Gehirns, der im Notfall die Gefahr erkennen und den Alarm auslösen kann.[23] Eigentlich ist es doch gar nicht schlecht, wenn der ein bisschen genauer arbeitet, oder? Ja, könnte man sagen, denn so können Introvertierte gut beobachten und Situationen einschätzen. Sie haben einen ganz feinen Sinn für Gefühlslagen und Stimmungen und können sich gut in andere hineinversetzen. Auf der anderen Seite sind diese starken Gefühle und Gedanken aber oft auch belastend und ein schlechtes Gewissen wegen Kleinigkeiten ist quasi vorprogrammiert. Viele sind auch wesentlich vorsichtiger und gründlicher als Extrovertierte.

Vielleicht findest du dich in manchen Dingen wieder, bei anderen wunderst du dich aber. Das ist in Ordnung so, denn jeder stille Mensch ist anders! Keine zwei Gehirne sind gleich empfindlich oder aktiv. Der Mandelkern ist bei jedem Menschen unterschiedlich erregbar – je leichter er erregbar ist und je stärker er Reize wahrnimmt, desto introvertierter ist der Mensch. Die introvertierte Persönlichkeit wird größtenteils vererbt, kann aber auch durch wichtige Erfahrungen entstanden sein. Wenn sie hauptsächlich genetisch bedingt ist, dann löst ein empfindlicher Mandelkern das bekannte zurückhaltende, stille, beobachtende und heftig mitfühlende oder grübelnde Verhalten aus. Trotzdem sind wir alle verschieden und ein bestimmtes Verhalten kann immer mehrere Ursachen haben.[24]

Schüchternheit trifft auf Intro- und Extroversion

Beim Vokabellernen in fast jeder Sprache gibt es sogenannte »falsche Freunde«. Das deutsche Wort »See« wird im Englischen nicht etwa mit *sea* übersetzt, denn das bedeutet im Deutschen »Meer«.

Genauso ist es mit der Introversion, die wir gerade als Persönlichkeitsmerkmal kennengelernt haben. Von außen betrachtet sieht sie der Schüchternheit zum Verwechseln ähnlich und die meisten denken sogar, dass die Begriffe »schüchtern« und »introvertiert« dasselbe bedeuten – wie bei See und *sea* ist das aber nicht der Fall, es sind falsche Freunde! Trotzdem können sie gleichzeitig auftreten.

Ich war schüchtern und introvertiert. Die Schüchternheit habe ich überwunden und meine Persönlichkeit lieben gelernt. Der Unterschied zwischen den beiden liegt darin, dass Schüchterne nicht freiwillig den Kontakt zu anderen meiden, stille Persönlichkeiten schon. Sie sind oft am glücklichsten, je weniger Menschen um sie herum sind. Wenn du hingegen schüchtern bist, wünschst du dir Austausch und Freundschaften, hast aber Angst, dich zu blamieren.

Beide, die Schüchternen und die Intros, bremsen sich häufig selbst aus – schüchterne Menschen durch ihre Angst und introvertierte Menschen mit dem Versuch, extrovertierter zu sein. Wenn du den Unterschied kennst und weißt, wer du bist, kannst du wieder anfangen, Gas zu geben! Wie du die Schüchternheit überwindest und warum du dich als stiller Mensch lieben kannst, erkläre ich dir im sechsten Kapitel.

Ein ganz besonderes Phänomen und gar nicht mal so selten, wie man denkt, ist die Kombination von Schüchternheit und Extroversion! Die gibt es tatsächlich! Auch kontaktfreudige, *outgoing* Menschen können unter ihrer Schüchternheit leiden. Und auch wenn man Leid kaum messen kann, glaube ich, sie leiden noch mehr. Gesehen werden wollen und doch Angst vorm Rampenlicht haben, das ist schwer.

Beide Varianten bringen ihre Probleme mit sich. Das größte ist aber, dass »viele Menschen […] Schüchternheit nicht erkennen [können], vor allem wenn sie selbst nicht schüchtern oder introvertiert sind.«[25] Es wird also Zeit, dass wir darüber reden! Ich habe selbst die Erfahrung gemacht, dass die Menschen auf meiner Seite sind, sobald ich mich ihnen öffne. Glaube mir, man wirkt viel weniger arrogant, uninteressiert oder geheimnisvoll, wenn man sich als stiller Mensch »outet«. Meistens reagiert dein Gegenüber sehr positiv und möchte mehr über deine Persönlichkeit wissen, oder es stellt sich heraus, dass ihr beide gar nicht so unterschiedlich seid. Ein offenes oder erklärendes Gespräch hilft oft schon über anfängliche Schwierigkeiten hinweg und muss gar nicht kompliziert oder peinlich sein. Albert Schweitzer, ein Arzt, hat einmal gesagt: »Viel Kälte ist unter den Menschen, weil wir nicht wagen, uns so herzlich zu geben, wie wir sind.«[26] In jeder Persönlichkeit steckt so viel Gutes und der Wunsch nach Beziehungen, wenn auch manchmal nur nach wenigen. Lerne dich besser kennen und finde heraus, mit welchen Stärken du auf andere zugehen kannst. Entdecke dein »Stilles Strahlen«!

Interview mit Jeneela: Wissen, dass ich von Jesus geliebt bin

Jeneela und ich haben uns im zweiten Ausbildungsjahr an der Bibelschule kennengelernt. Sie mag zwar auf den ersten Blick still wirken, hat aber eine Menge zu sagen! Deshalb begegnet sie dir in diesem Buch jetzt sogar schon das zweite Mal – genau, sie ist die Freundin, die mich beim Mittagessen herausgefordert hat. Ich habe sie für dieses Buch auf einen Tee getroffen, um ihr ein paar Fragen zu stellen. Lies weiter und lerne eine kreative, starke Frau kennen, die Jesus liebt und nach dem Besten in sich strebt!

Wann und wie hast du denn gemerkt, dass du ein stiller Mensch bist?

Das war in der Schule. Ich habe mich gewundert, dass ich mich so selten getraut habe, etwas zu sagen. Meine Lehrer meinten auch zu mir, dass ich mich mehr melden soll. Aber ich konnte nicht aus mir herauskommen, das hat mich damals sehr bedrückt. Jetzt habe ich mich aber so akzeptiert, wie ich bin. Dadurch bin ich auch viel freier geworden. Früher wollte ich unbedingt, dass die anderen sich nicht fragen, warum ich so still bin. Auffallen war ein No-Go, und ich habe mich verstellt, um bei anderen besser anzukommen.

Das Gefühl kenne ich gut. Aber deine Schulzeit ist ja schon einige Jahre her. Wie sieht es denn jetzt aus?

Seitdem ich mich selbst akzeptiert habe, ist es in Ordnung, wenn mich jemand nicht mag. Ich kann auch mit blöden Kommentaren wie »Du bist zu leise, komm doch mal mehr aus dir raus!« umgehen. Wer nicht mit meiner stillen Art zurechtkommt, muss auch nicht mit mir befreundet sein. Aber es gibt viele Menschen, mit denen ich mich so gerne unterhalte. Da kann ich reden wie ein Wasserfall.

Das klingt großartig! Wodurch kam denn diese Veränderung?

Ich weiß jetzt, dass meine Persönlichkeit eben so ist, und bin viel zufriedener. Ich habe mich als stillen Menschen angenommen. Trotzdem möchte ich mich weiterentwickeln und mehr Selbstbewusstsein aufbauen. Introversion bedeutet ja nicht, dass ich gar nicht reden kann. Wir sind nicht stumm, sonst hätte Gott uns keinen Mund zum Reden gegeben. Als Entertainerin würde ich mich aber trotzdem nicht bezeichnen.

In deinen Instagram-Storys zeigst du häufig deine Familie. Ich sehe, dass ihr viel zusammen feiert. Deine Familie hat einen tamilischen Hintergrund. Die asiatischen Kulturen sind, wie eine Studie zeigt, eher introvertiert – trifft das auch auf dich und deine Familie zu? Hat deine Kultur dich im Hinblick auf deine stille Persönlichkeit besonders geprägt?

Tamilen sind schon eher schüchtern. Wie gesagt, Entertainer sind wir nicht, aber wir werden gerne unterhalten! Wenn sich meine Familie trifft, freuen sich meistens alle. Auch wenn wir eher zurückhaltend sind, kommt es gut an, wenn auf den Familienfeiern jemand für Unterhaltung sorgt. Andererseits höre ich oft, wie meine Familie Kinder lobt, die sich ruhig verhalten und brav sind. Das Wichtigste ist aber, dass wir zusammen sind. Ob jetzt alle Tamilen zurückhaltend sind, kann ich nicht sagen – es gibt sicher auch bei uns Extrovertierte. Wenn die USA die »Lautesten« sind und Japan das introvertierteste Land ist, dann tendieren wir aber auf jeden Fall zu Japan!

So vielfältig sind unsere Kulturen und Persönlichkeiten! Meine Familie ist auch eher in sich gekehrt. Aber für mich sind Familienfeiern meistens nur anstrengend – schön, dass es nicht jedem stillen Menschen so geht. Hast du noch Tipps, wie man als stille, junge Frau glücklicher mit

sich werden kann? Damit weder die Schule noch Familienfeiern so herausfordernd sind und man sich gerne weiterentwickelt?

Ich glaube, man soll sich Gutes zusprechen und sich nicht kleiner machen, als man tatsächlich ist. Deine Gedanken bestimmen auch deine Art. Wer immer zu sich sagt »Ich kann das nicht« oder »Ich bin viel zu still«, der wird sicher nichts Neues erreichen. Wer zu sich sagt »Ich schaffe das«, der kommt weiter. Am wichtigsten ist, sich selbst anzunehmen, sich zu akzeptieren, wie man ist, und zu wissen, dass ich von Jesus geliebt bin. Dann muss ich mich gar nicht vor mir oder anderen beweisen und kann mich frei weiterentwickeln.

VIERTES KAPITEL

WAS ALLES IN UNS INTROVERTIERTEN STECKT

Ein König, der nicht vor anderen Menschen als seinen engsten Familienmitgliedern sprechen kann.

Eine Schauspielerin, die den roten Teppich und das Blitzlichtgewitter fürchtet.

Ein Sänger, dessen Gedanken die ganze Welt in seinen Songs hört, der aber doch in sich gefangen ist.

Eine Frau, die von ihrer kompletten Familie übergangen wird, obwohl sie sich gut um sie kümmert.

Ein Mädchen, das zum Schweigen gebracht wird, obwohl es doch so viel zu sagen hätte.

Das klingt nicht gerade nach riesigen Erfolgsgeschichten, oder? Es klingt eher nach »Netter Versuch, leider hast du ihn in der falschen Welt gestartet«. Aber ich würde nicht über diese Menschen schreiben, wenn da nicht doch Gutes an ihrer Art und ihrem Leben wäre. Denn wir Stillen haben, auch wenn sie nicht auf den ersten Blick auffallen mögen, viele Stärken, ohne die unsere ganze Gesellschaft zusammenbrechen würde. Glaubst du nicht? – dann lies mal weiter!

Die Stärken der Stillen ...

Bevor ich dir verrate, was du wahrscheinlich gut kannst und schon ganz automatisch machst, nimm dir einen Stift und überlege selbst einmal, wo deine Stärken liegen! Die Aufzählung muss nicht perfekt oder vollständig sein – vielleicht möchtest du auch in der nächsten Zeit besonders aufmerksam sein und die Liste immer weiter ergänzen. Damit dir der Einstieg leichterfällt, habe ich ein paar Fragen für dich vorbereitet ... Ach so, auf den nächsten Seiten spicken, gilt nicht!

Was könntest du den ganzen Tag lang tun?

Wofür interessierst du dich bzw. verwendest gern deine Zeit?

Wann oder bei welchen Tätigkeiten fühlst du dich besonders gut?

Wobei kannst du ganz »du selbst« sein?

Was gelingt dir ganz einfach oder sogar überraschend gut?

Wofür hast du schon Komplimente bekommen?

Was schätzen andere an dir?

Platz für deine eigenen Gedanken

Jetzt, da du hoffentlich schon mit einem Lächeln im Gesicht vor deiner Liste sitzt, verrate ich dir noch mehr Stärken, über die du dich als stiller Mensch freuen kannst. Du wirst dich zwar nicht bei allen komplett wiederfinden, aber es kann auch spannend sein, diese Eigenschaften bei anderen zu beobachten und sie wertzuschätzen! Nimm dir Zeit, die folgenden Seiten auf dich wirken zu lassen, und suche dabei nach den Eigenschaften, mit denen du (jetzt schon) strahlen kannst. Deine Selbstzweifel und deinen Perfektionismus schickst du am besten für die nächsten Minuten ganz weit weg – auch wenn dir das schwerfallen mag. Aber Gott hat dich wunderbar geschaffen, dich zum Strahlen berufen und jetzt erfährst du, wie.

... im Umgang mit anderen Menschen

Wir alle kennen sie, die »Mittelpunktmenschen«. Sie betreten den Raum und alle Augen richten sich auf sie. Sie lächeln, begrüßen sich überschwänglich und genießen das Bad in der Menschenmenge. Was bei extrovertierten Menschen so spielend leicht aussieht, kostet uns Stille jede Menge Überwindung – und nicht nur das: Es raubt uns wertvolle Energie. Also wie sehen dann bitte unsere Stärken im Umgang mit anderen Menschen aus? Die Titel »Small Talk-Queen«, »Klassenclown«, »cooler Typ« oder »It-Girl« werden uns wahrscheinlich nicht verliehen, aber das sollte ab jetzt kein Problem mehr für dich sein. Als stiller Mensch bist du – wahrscheinlich schon längst und ohne es zu merken – »Ruhepol«, »die beste Ratgeberin«, »die Helferin in Not«, »eine Freundin fürs Leben«.

Der Ruhepol
DIE STÄRKE: RUHE

Italienische Sommerhitze, zwei schlaflose Nächte, eine To-do-Liste, die länger als das Land selbst ist, 150 fremde Menschen, die in wenigen Stunden ankommen werden, und mittendrin ich, die

mit anderen Freiwilligen die Freizeit gestaltet. Im Vorbereitungs-
gewusel kommt eine Mitarbeiterin auf mich zu und sagt:»Marie,
du strahlst hier so eine Ruhe aus! Immer eigentlich, das schätze ich
sehr. Schon die ganze Zeit, die wir hier sind. Du tust einem echt
gut!« Das war ein schönes Kompliment. Allerdings dachte ich, es
wäre gelogen, denn in mir sah es alles andere als ruhig aus. Aber
irgendwas ist da in uns Ruhigen, das viele andere Menschen nicht
haben und die ganze Atmosphäre verändern kann.

Auch wenn du in Situationen, in denen alle Augen auf dich
gerichtet sind – bei Referaten zum Beispiel – unglaublich aufgeregt bist, ist es trotzdem wahrscheinlicher, dass die anderen deinem Vortrag besser folgen können als dem eines »energetischeren«
Menschen. Deine ruhige Ausstrahlung hilft dir in Gesprächen mit
anderen und bringt auch gestresste und aufgewühlte Freunde
schnell runter. Bei dir fühlt man sich gleich sicher und vertraut dir
auch bei wichtigen Entscheidungen. Nach einem anstrengenden
Tag bist du die Person, mit der man noch Zeit verbringen möchte –
du bist ein Zuhause auf zwei Beinen, eine Oase für die Menschen
um dich herum, ein echter Ruhepol eben.

Wenn du dir genug Ruhe gönnst, kannst du auch selbst in den
Genuss dieser Vorteile kommen. Aus der Ruhe gewinnst du deine Kraft. Dafür darfst du dich zurückziehen und auch tatsächlich
mal gar nichts hören. Vielleicht hast du auch schon erlebt, dass du
einen sehr guten Zugriff auf deine Gefühle und Gedanken hast.
Was manchmal im Gedankenkarussell und Grübelei endet, kann
eine deiner größten Stärken sein, die Selbstreflexion. Durch den
Aufbau deines Gehirns und die Stille, die du genießt, verstehst du
dich besser als die meisten anderen Menschen. Ein »beruhigter«
introvertierter Mensch kann nicht nur ganz bei sich selbst und im
Hier und Jetzt sein, sondern auch unglaubliche Konzentration auf-
bringen. Aber dazu später mehr.

Die Helferin in Not
DIE STÄRKE: ZUHÖREN

Was du vielleicht gerade noch als deine fatalste Schwäche betrachtest, ist eigentlich deine geheime Superkraft. Du hörst lieber zu, als dass du redest. Auch wenn es in der Schule, der Kirche, im Arbeitsleben oder allgemein in unserer Gesellschaft eher darauf anzukommen scheint, sich in den Mittelpunkt zu stellen und sich selbst gut dastehen zu lassen, kannst du mit der seltenen Gabe des Zuhörens punkten. Deine Freunde lieben dich wahrscheinlich dafür, dass du ehrliches Interesse an ihnen hast und sie ausreden lässt. Die meisten Menschen unterhalten sich nämlich, um selbst etwas zu sagen, und denken, während der andere spricht, nur darüber nach, was sie als Nächstes mitteilen wollen. Du hingegen bist ganz bei deinem Gesprächspartner, nimmst mit allen Sinnen wahr, was er dir kommuniziert – und das nicht nur mit Worten. Du hast ein feines Gespür für Zwischentöne und weißt vielleicht schon vom Problem des anderen, bevor er oder sie überhaupt Worte dafür finden kann. Trotzdem überrumpelst du deine Gesprächspartner nicht mit deinen Gedanken, denn du kannst dich selbst gut zurücknehmen. So zeigst du Respekt, Wertschätzung, Authentizität und Ernsthaftigkeit – Dinge von denen viele extrovertierte Menschen nur träumen können!

Wenn ich in meinem Leben zurückschaue, fallen mir einige Begebenheiten ein, in denen ich Menschen helfen konnte, indem ich ihnen einfach nur zugehört habe. Schon vor meiner Ausbildung zur Seelsorgerin war ich diejenige, die sich mit anderen hingesetzt hat, sie reden ließ und dann das, was sie gesagt haben, aufnahm und weiterentwickelte. Diese Gabe, ganz beim Erzählenden zu sein, hat mir Türen geöffnet und eine Leidenschaft für die Beratung geschenkt. Wer weiß, wo es dich hinführt, wenn du auf dein Herz hörst und auf deine Stärken vertraust.

Die beste Ratgeberin
DIE STÄRKEN: EINFÜHLUNGSVERMÖGEN UND VORSICHT

»Ratschläge sind auch Schläge« lautet ein Sprichwort. Das mag stimmen – doch nicht, wenn du als stille Persönlichkeit sie gibst. Was du sagst, wurde schon gründlich von dir geprüft und lässt deinem Gegenüber noch genug Raum. Du willst dem anderen nicht zu nahetreten und verhältst dich deshalb vorsichtig und respektvoll. Die richtigen Worte kommen dir, wenn du genug Zeit hattest, sie zu finden, leicht über deine Lippen. Genauso wenig wie du unbedacht sprichst, handelst du auch nicht vorschnell. Du gehst keine zu großen Risiken ein und planst jeden Schritt genau. Wahrscheinlich bist du als Organisationstalent bekannt. Wer Rat (und auch Tat) braucht, ist bei dir goldrichtig! Dadurch, dass du selbst oft nicht beachtet wirst, hast du einen ausgeprägten Blick für Übersehene(s) und kannst mit deinem Einfühlungsvermögen leicht in andere Blickwinkel schlüpfen. Auch das hilft dir dabei, anderen zu helfen. Wenn es Streit gibt, hast du schon gewonnen, denn entweder vermittelst du diplomatisch zwischen den Parteien oder rettest die Situation mit deiner Kompromissbereitschaft. Auch in solchen Momenten hilft es dir, dass du »zwischen den Zeilen« lesen und Unausgesprochenes wahrnehmen kannst. Darauf gründet sich dein Taktgefühl, also ein Gespür dafür, wann eine Handlung oder Aussage angemessen ist. Du setzt deine Meinung nicht absolut, sondern wägst ab und gehst auf andere Menschen ein. »Alles ist relativ« könnte dein Lebensmotto sein! Trotzdem hast du an dich selbst und andere Menschen hohe Ansprüche. Du handelst pflicht- und verantwortungsbewusst und willst das Beste aus allem und jedem rausholen – natürlich ohne ein zu großes Risiko einzugehen. Ein solches gehen deine Freunde mit dir, wenn sie dir ein Geheimnis erzählen, im Übrigen auch nicht ein, denn von Gossip bist du genervt und hältst dich fern. Wie du siehst, machen dich die

Stärken »Einfühlungsvermögen« und »Vorsicht« zu einer wahnsinnig wertvollen Freundin! Und das ist noch nicht alles. So wie dich diese beiden Stärken nicht nur in privaten Beziehungen auszeichnen, sind deine Freundinnenqualitäten nicht auf sie beschränkt. Jetzt gleich liest du, warum man mit dir eine Begleiterin für gute und schlechte Zeiten hat.

Eine Freundin fürs Leben
DIE STÄRKE: BEHARRLICHKEIT

Meine längste Freundschaft hält schon seit der Krabbelgruppe. Nicht nur diese teilten sich meine Freundin und ich, sondern sogar den Vornamen. Damit konnten wir schon so manchen belustigen – oder im Fall unseres E-Gitarren-Lehrers in den Wahnsinn treiben. Unsere Kindheit und Jugend verbrachten wir größtenteils zusammen, nicht nur weil wir gegenüber wohnten. In einigen Phasen, etwa nach meinem Auszug aus dem Elternhaus, hatten wir weniger Kontakt, aber die Freundschaft nur wegen zwischen uns liegenden Kilometern aufzugeben, kam für uns nicht infrage. Obwohl und weil wir beide zur stillen Sorte Mensch gehören, sind wir immer noch befreundet. Ich schreibe »obwohl«, da uns Intros das Kontakthalten nicht immer leichtfällt. Doch ich kann auch »weil« schreiben, da Beharrlichkeit zu unseren Stärken gehört.

Ein beharrlicher Mensch gibt nicht schnell auf, weder Freundschaften noch irgendetwas anderes. Er hat einen »langen Atem« und kämpft auch weiter, wenn es wirklich schwierig wird. Bei einer Sache, die dir wichtig ist, lässt du dich nicht so leicht vom Weg abbringen. Träume haben viele – du hast Pläne! Und vor allem die Fähigkeit, über einen langen Zeitraum auf ein Ziel hinzuarbeiten, dich ganz einer Sache zu widmen und dich nicht ablenken zu lassen. Das kann neben einer Freundschaft auch ein Lernmarathon für Klausuren oder ein viel langfristigeres Projekt sein. Extrovertierte Menschen mögen dich am Anfang zwar mit ihrer Begeisterung und Leidenschaft einschüchtern, du wirst aber diejenige sein, die durchhält und ans Ziel kommt. Vielleicht auch, weil Ziele und Freundschaften für dich einen sehr tiefen Wert haben. Unabhängig davon, ob du es anderen gegenüber enthusiastisch ausdrücken kannst oder nicht: Sie sind tief in dir verwurzelt und bedeutungsvoll. Das, dein Wille und deine Ausdauer machen dich mindestens im übertragenen Sinn zu einer Marathonläuferin. Dich wird man so schnell nicht mehr los, wenn man bei dir an Bedeutung gewonnen hat. Du bist eine Freundin fürs Leben.

Der Überraschungseffekt
DIE STÄRKE: EINE, MIT DER NIEMAND RECHNET
In der Vorbereitung für dieses Kapitel habe ich etliche Bücher über Introversion studiert und die zehn Stärken, von denen du hier liest, übernommen.[27] Ich habe sie mit meinen Eindrücken und Erlebnissen gefüllt, in zwei Blöcke aufgeteilt und ihnen einen neuen Anstrich verpasst. Jetzt füge ich noch eine weitere Stärke zu diesem ersten Teil hinzu, die du mit einem Augenzwinkern von mir annehmen darfst: den Überraschungseffekt.

Du hast schon richtig verstanden, die Stärke ist der Überraschungseffekt und ich bin mir sicher, dass du ihn auch schon bei dir selbst erlebt hast. Lass mich dir kurz von meinem bisher heftigsten erzählen. Als im zweiten Ausbildungsjahr an der theologischen Akademie ein paar Neue in meine Klasse kamen, beschlossen wir, einmal in der Woche einem Schüler zehn Minuten Zeit zu geben, sich vorzustellen. Als ich an der Reihe war, waren schon viele Wochen vergangen und ich kannte nun die Familien, Träume und die eine oder andere Peinlichkeit meiner Mitschüler. Sie mich aber noch nicht. Weil es sich mittlerweile so ergeben hatte, dass die Vorstellung von Fotos begleitet wurde, suchte auch ich schon Tage vorher nach passenden Aufnahmen. Gar nicht so einfach, vor allem nicht, wenn man wie ich sehr kamerascheu ist! Meine Auswahl zeigte schließlich meine Familie, vergangene Reisen nach Skandinavien, einige Hobbys, wichtige Meilensteine in der Beziehung zu meinem Mann und ein paar Funfacts wie mein Nasenpiercing, das zu dem Zeitpunkt gerade mal ein Jahr mein Gesicht zierte. Etwas unpassend beendete ich meine Vorstellung beim letzten Foto mit »Habt ihr noch irgendwelche Fragen?«, ganz so als wäre es ein Referat gewesen, und rechnete nicht wirklich mit Meldungen. Aber sie kamen! Ich schaute in weit aufgerissene Augen und offene Münder meiner Klassenkameraden. Das hatten sie nicht erwartet – und ich auch nicht!

Wenn wir ehrlich sind und unsere Selbstzweifel für einen kurzen Moment stumm schalten, haben wir Stillen doch ganz schön viel zu sagen und zu zeigen. Ich habe nicht immer nur geschwiegen, weil ich es so wollte. Oft war auch Angst dabei, abgelehnt zu werden, oder Angst davor, dass es niemanden interessiert, was ich mache und sage. In den Momenten aber, in denen ich mich doch getraut habe und anderen einen Einblick in mein Leben und meine Fähigkeiten gegeben habe, waren sie zuerst überrascht, dann begeistert – und ich ein klein bisschen mutiger geworden.

… in Bezug auf Projekte und Aufgaben

Endlich kommt der Teil, in dem ich mich so richtig wohlfühle: die Projekte und Aufgaben. Die reden nämlich nicht so viel mit einem. Spaß beiseite – es gibt tatsächlich eine Unterscheidung in beziehungsorientierte und aufgabenorientierte Menschen. Zu welcher Gruppe wir gehören, muss ich nicht erklären, oder? Auch wenn ich gerade viele zwischenmenschliche Stärken aufgezählt habe und es sicher beziehungsorientierte Introvertierte gibt, fällt mir in meinem Umfeld und nicht zuletzt bei mir auf, dass mein Fokus oft mehr auf den To-dos als auf anderen Menschen liegt. Die folgenden Stärken helfen bei beidem – im Umgang mit Menschen, aber mehr noch in Bezug auf Projekte.

Die Zielgerichtete
DIE STÄRKE: UNABHÄNGIGKEIT

Selbstbewusst – selbstlos – selbstgenügsam. Mit diesen drei Worten kann man Introvertierte beschreiben, die unabhängig von der Meinung anderer leben und wissen, was sie wollen. Wir kreisen in unseren Gedanken um uns selbst, aber dieses Mal mit Erfolg und nicht ohne Ziel wie im nächtlichen Gedankenkarussell. Ob du es glaubst oder nicht: Unabhängigkeit ist superwichtig für deine Beziehungen und deine Aufgaben! Es wird dir wahrscheinlich noch nicht aufgefallen sein, weil es für dich normal ist, aber eine so klare Einstellung zu sich und anderen haben nur wenige Menschen. Dadurch, dass du schon immer die Dinge mit dir selbst ausgemacht hast, bist du weniger auf andere angewiesen und lässt dich nicht so leicht beeinflussen. Du bildest dir deine starke Meinung selbst und hast eigene Prinzipien. Langeweile kennst du kaum und Einsamkeit fühlst du im besten Fall nur sehr selten, denn du bist dir selbst genug. Immerhin hast du eine ganze Welt ständig mit dabei – in deinem Kopf.

Wenn du deine Persönlichkeit zu lieben gelernt hast, weißt du, wer du bist und was du kannst. Wegen dieses Bewusstseins kannst du auch mal selbstlos zurückstecken und anderen den Vortritt lassen. Plötzlich stört es dich nicht mehr, dass andere mehr Ruhm und Ehre erwiesen bekommen, nur weil sie sichtbarer sind – ganz nach dem Motto »gönnen können«. All das schenkt dir ganz ohne Konkurrenzdenken oder Manipulation Freiheit in Beziehungen, weil du dein Gegenüber einfach sein lassen kannst, und durch deine klare Position und deine Entscheidungsfähigkeit Freiheit bei Aufgaben und Projekten.

Eine Frau, ein Wort

Ähnlich wie die Beharrlichkeit ist auch die Stärke der Substanz. Obwohl ich dabei als Erstes eher an Dinge wie Kuchenteig und Hauswände gedacht habe, merkte ich schnell, dass es hierbei in die Tiefe geht. Egal, ob wir das Beispiel einer mehrstöckigen Torte oder eines Hauses nehmen, entscheidend ist die Tragfähigkeit und Verlässlichkeit. Als stiller Mensch passt der Spruch »Eine Frau, ein Wort« nicht nur deshalb gut zu dir, weil du das Reden lieber anderen überlässt, sondern vielmehr, weil auf dich Verlass ist.

Ich habe eine interessante Beobachtung in meinem Umfeld gemacht. Anfang 2019 entschied ich mich, damals noch Sportmuffel hoch zehn, in ein Fitnessstudio zu gehen. Es dauerte nicht lange, da folgten mir Familienmitglieder und Freunde dorthin. Später kaufte ich mir ein Stand-up-Paddle-Board und in einem noch viel geringeren Zeitabstand legten sich auch Menschen um mich herum welche zu. Im gleichen Sommer überkam mich der Traum eines umgebauten VW-Bullis als Campervan. Ich recherchierte fleißig und investierte mit meinem Mann und meinen Eltern in einen T5. Mein Wort und meine Entscheidungen haben wohl Gewicht. Man vertraut mir, aber wieso? Mit Sport und Sportgeräten kenne ich mich nicht aus, das ist allseits bekannt, und mit Autos noch viel weniger.

Wir Stillen können gute Ratgeber sein und werden von außen auch so wahrgenommen. Unsere Worte überzeugen nicht mit Quantität, denn dafür sind es einfach zu wenige, sondern mit Qualität. Sie wurden erstens gut von uns recherchiert, zweitens von unserem vorsichtigen Verstand mehrfach geprüft und drittens in der Vergangenheit so gut wie immer gehalten. Dein Pflicht- und Verantwortungsbewusstsein machen dich zuverlässig – du stehst zu deinem Wort! Du gehst, ohne es zu verbergen, kaum Risiken ein und strahlst deshalb Sicherheit aus. Außerdem macht dich dein hoher Anspruch an dich zur Perfektionistin. Alles, was du nach außen trägst, beruht auf deinen Erfahrungen und tiefgründigen Gedanken. Dir vertraut man gern!

Das wandelnde Lexikon
DIE STÄRKE: KONZENTRATION

Der Vergleich »wandelndes Lexikon« hinkt zwar ein bisschen, denn die Einträge in einem Lexikon sind oft nur knapp, wohingegen du, wenn man dir Fragen zu »deinen Themen« stellt, tagelang erzählen könntest. Aber eins habt ihr gemeinsam, du und das Lexikon: Ihr wisst jede Menge! Viele stille Menschen lesen gern. Darin zeigt sich die Stärke der Konzentration. Du schaffst es, deine Aufmerksamkeit über einen längeren Zeitraum auf eine Sache zu richten, und erlebst dabei einen sogenannten »Flow«: Du vergisst Raum und Zeit und fokussierst dich auf dein Ziel. Diese immer seltener werdende Fähigkeit beschert dir Wissen, ist für geistige und wissenschaftliche Erfolge die beste Voraussetzung und hilft dir auch bei ganz anderen Dingen, wie zum Beispiel Meditation.

Es gibt zwei Arten von Menschen, die einen lieben Memory- und Quizspiele, die anderen hassen sie. Du gehörst vermutlich zur ersten Gruppe – herzlich willkommen! Ganz zum Leidwesen meiner Familie ging diese Ausprägung auch an mir nicht vorbei und obwohl ich Gesellschaftsspiele nicht besonders mag, bei einem Wissensspiel bin ich dabei. Alternativ konnte ich als Kind auch Vorträge über unser Sonnensystem halten, so wie jetzt über Introversion.

Das Adlerauge
DIE STÄRKE: ANALYTISCHES DENKEN

Mit jeder Stärke ist auch eine Extremform oder ein Gegensatz, also eine Schwäche, verbunden. Das ist ganz natürlich. Ich werde sie hier aber nicht aufführen, weil du negatives Denken vermutlich auch allein schon ziemlich gut kannst. Wahrscheinlich wirst du aber unter der nächsten Stärke mit einer größeren Wahrscheinlichkeit leiden als unter den anderen. Du siehst viel. Du merkst, wenn etwas schiefläuft. Keine noch so kleine Bewegung entgeht dir. Wie ein Adler hast du deine Augen unbemerkt überall.

Im Abschlussgespräch meiner theologischen Ausbildung fragte mich mein Dozent, ob ich noch etwas loswerden wolle. Irgendetwas, das ich schon die ganze Zeit habe sagen oder fragen wollen. Da kam ich aus meiner Vogelperspektive zu ihm in sein Büro und legte los. In zwei Jahren kann man viel beobachten. Ich erzählte ihm von Problemen, die ich zum Beispiel in der Kommunikation zwischen Lehrern und Schülern wahrgenommen hatte, und noch vielem mehr. Als ich fertig war, entgegnete mir der Dozent: »Marie, willst du nicht doch hierbleiben? Dann könntest du uns helfen, die Dinge zu beheben.«

Was sich in dem Moment wie ein kleiner Triumph anfühlte, war in der Zeit der Beobachtung das Gegenteil. Es quält mich bis heute, Missstände zu sehen und sie nicht beheben zu können. Vielleicht geht es dir ähnlich. Du siehst Probleme und erkennst Zusammenhänge schnell, für die die meisten blind sind. Das, was alle machen oder man schon immer so gemacht hat, hinterfragst du, und scheinbar müssen alle anderen Scheuklappen auf den Augen haben, weil sie solche (für dich) offensichtlichen Schwierigkeiten nicht sehen. Für dich ist alles klar. Das ist das Problem und im Idealfall hast du auch schon die passende Lösung dafür. Nicht selten siehst du neben dem Hindernis auch schon neue Wege und mögliche Lösungen. Wollen wir hoffen, dass die anderen mitgehen!

Die Wortkünstlerin

DIE STÄRKE: SCHREIBEN

Thank God for textmessages! Gott sei Dank müssen wir nicht mehr ins Telefon sprechen, sondern dürfen einfach unsere Gedanken aufschreiben! Mein ganz persönliches Telefon-Trauma habe ich ja schon kurz zu Beginn erwähnt. Es ist tatsächlich so: Das Schreiben fällt Intros leichter als das Sprechen. Auch hier kommen wir zu mehr Klarheit. Ich sage immer »Auf Papier ist aus dem Kopf« und habe eine große Liebe für To-do-Listen und Notizzettel entwickelt. Unsere tiefen und komplexen Gedanken sind oft besser in geschriebene Worte als in flüchtige ausgesprochene zu fassen. Für mich ist das Schreiben eine Tür von meiner Innen- zu meiner Außenwelt. So kann ich andere einen Schritt mit hinein in meine Welt nehmen. Schreiben macht Gedanken nachvollziehbar und die schnelle, laute Welt ein bisschen langsamer.

Die fürs Schöne
DIE STÄRKE: KREATIVITÄT

Nicht nur das Schreiben kann helfen, die vielen und tiefen Gedanken und Gefühle eines stillen Menschen auszudrücken. Künstlerischer Ausdruck in Musik, Gemälden, Design und vielem mehr gehört ebenfalls dazu. Die Stärke der Kreativität habe ich selbst zu dieser Auflistung hinzugefügt. Die Introvertierten in meinem Umfeld sind alle auf ihre eigene Weise kreativ. Von der hauptberuflichen Künstlerin bis zum Lebenskünstler ist alles dabei. Da gibt es Menschen, die durch das Fotografieren anderer sich selbst in einem neuen Licht sehen. Dazu gehört auch Tami, ihre Geschichte kannst du im nächsten Interview ein wenig miterleben. Jemand anderes schrieb sein erstes Drehbuch noch vor dem Abitur und drehte im Teenageralter als Regisseur und Schauspieler schon zwei Filme. Mein Mann hat einen besonderen Humor und ein Gespür für komische Situationen. Wenn er nicht schon andere große Pläne für sein Leben hätte, würde er es mit Sicherheit auch als Comedian weit bringen. Ich selbst habe eine ganze Zeit lang überlegt, Innenarchitektur zu studieren. Seit meiner Kindheit liebe ich es, meinen Rückzugsort schön zu gestalten. Das war viele Jahre lang mein Zimmer, jetzt habe ich dafür eine ganze Wohnung. Einige Frauen aus meiner Gemeinde sind begabte Zeichnerinnen. Vor allem eine sticht hervor. Ihr Wesen ist zurückhaltend und bescheiden, aber wenn sie erzählt, was Gott in ihrem Leben getan hat und dann ihre Zeichnungen präsentiert, bleibt kaum ein Auge trocken. Das ist ihre Art, zu strahlen.

Deine Stärken entdecken

Und du? Mit welchen Stärken kannst du strahlen? Vielleicht bist du, ähnlich wie ich, sehr gut darin, deine vermeintlichen Fehler aufzuzählen. Aber wie sieht es mit deinen Gaben und Talenten aus? Mit der Hilfe der Tabelle kannst du dich an deine Stärken rantasten. Kreuze an, wie sehr die oben vorgestellten Stärken auf dich zutreffen:

	gar nicht	wenig	stark	sehr stark
Ruhe	☐	☐	☐	☐
Zuhören	☐	☐	☐	☐
Einfühlungsvermögen	☐	☐	☐	☐
Vorsicht	☐	☐	☐	☐
Beharrlichkeit	☐	☐	☐	☐
Unabhängigkeit	☐	☐	☐	☐
Substanz	☐	☐	☐	☐
Konzentration	☐	☐	☐	☐
Analytisches Denken	☐	☐	☐	☐
Schreiben	☐	☐	☐	☐
Kreativität	☐	☐	☐	☐

Wahrscheinlich sind dir beim Lesen noch andere Stärken von dir eingefallen. Schreibe sie hier auf, damit du dich immer wieder an sie erinnern kannst!

Ich hoffe, du hast dich in einigen Stärken wiedergefunden und konntest deine Liste noch erweitern. Im Laufe deines Lebens werden sicher noch manche Stärken dazukommen, entweder weil du dazulernst oder sie mithilfe von anderen Menschen entdeckst. Auf meinem Instagram-Kanal habe ich mal eine kleine und definitiv nicht repräsentative Umfrage gemacht. Ich habe meine zu diesem Zeitpunkt knapp 400 Follower gefragt, was sie an den »leisen Menschen« in ihrem Umfeld besonders schätzen. Das sind die Ergebnisse:

- »Sie sind sehr kreativ und finden neue Wege, Ziele zu erreichen.«
- »Die Ruhe, die sie ausstrahlen und an mich weitergeben.«
- »Auf sie ist oft Verlass, denn sie sind nie abgeneigt, für dich zu beten.«
- »Müssen nicht im Mittelpunkt stehen.«
- »Ich habe lange Zeit nur mit extrovertierten Menschen gechillt, aber jetzt gemerkt, dass introvertierte Menschen einem manchmal mehr geben können. Ich schätze sie sehr.«
- »Dass sie nichts von sich aus übertönen müssen, um zu sein.«

- »Dass man zu zweit gute Gespräche führen kann.«
- »Sie lassen anderen Raum und drängen sich nicht auf. Finde das sehr angenehm.«
- »Dass sie gute Zuhörer und Beobachter sind. Sie denken nach, bevor sie etwas Impulsives sagen.«

Erinnerst du dich an die nicht wirklich vielversprechenden Geschichten vom Anfang des Kapitels? Da gab es den König, der sich nicht traute, vor anderen zu sprechen. Ihm wird im Film »The King's Speech« der Satz in den Mund gelegt: »Dann macht es mich betroffen, wie wenig ich von ihnen weiß und sie von mir.«[28] Das Gefühl kenne ich nur zu gut und du wahrscheinlich auch. Tief in uns strahlen viele Stärken und Begabungen, doch kann sie keiner sehen, weil sie von Ängsten, Selbstzweifeln und Verletzungen aus der Vergangenheit verdeckt werden. Es ist Zeit, dass die Welt von unseren stillen Stärken erfährt und dein Strahlen nach außen dringen kann! Die ungeliebte Frau, von der ich vorhin erzählt habe, heißt Lea. Du kannst ihr Schicksal im ersten Buch Mose nachlesen (1. Mose 29,31-35). Sie stand immer im Hintergrund und im Schatten von Rahel, ihrer Schwester und gleichzeitig der zweiten Frau ihres Ehemannes. Man kann Lea als die Sanfte und Ungeliebte beschreiben. Wenn du dich auch so fühlst – übersehen, ungeliebt und zu sanft für diese Welt – dann habe ich eine gute Nachricht für dich! Gott hat ein besonders großes Herz für genau diese Menschen. Er segnete Lea mit vielen Kindern und zeigte ihr täglich, dass er bei ihr war. Die Sanften und Stillen sind geliebt, gesegnet und gestärkt.

Interview mit Tami: Von der Kompliment-Abstreiterin zur Ermutigerin

Tami Donath habe ich über Instagram kennengelernt als eine Frau, die ihre Meinung sagt und ausdrucksstarke Fotos macht. Weil sie mich mit beidem so beeindruckt hat, wollte ich mich auch unbedingt von ihr fotografieren lassen! Das habe ich getan und es nicht bereut. Als ich ihr während des Shootings erzählte, dass die Bilder, die dabei entstehen, mir auf meiner Reise zur Akzeptanz meiner stillen Persönlichkeit helfen sollen, erzählte sie mir von ihrer ganz eigenen Reise.

||||||||||||||||

Tami, du meintest während unseres Shootings, dass du als Teenie selbst schüchtern warst. Wie hat sich das bei dir gezeigt?

In diesen typischen Mädchengruppen war ich eher die, die keinen Anschluss gefunden hat. Ich war zwar irgendwie dabei, aber meine Meinung kam in der Mitte oder ganz am Ende. Ich war sehr angepasst und nie die »Anführerin«.

Natürlich bist du nicht dort stehen geblieben, sondern hast dich weiterentwickelt. Welche Rolle hat die Fotografie dabei gespielt?

Hinter der Kamera konnte ich mich gut verstecken, weil ich nicht im Fokus war. Trotzdem bin ich als Fotografin die treibende Kraft, allerdings ohne im Mittelpunkt zu stehen. Das hat mir am Anfang sehr geholfen. Während der Shootings habe ich stark gefühlt, hatte eine enge Verbindung zu den

Kunden und tiefgehende Gespräche mit ihnen. Die Menschen haben sich mir geöffnet – nicht nur vor der Kamera, sondern auch vor oder nach dem Shooting. Manchmal habe ich zwei oder drei Stunden mit den Kunden verbracht, aber nur dreißig Minuten Fotos gemacht. Den Rest der Zeit haben wir uns unterhalten. Während des Fotografierens hat mir mein »Versteck« hinter der Kamera geholfen, Anweisungen zu geben und aus mir rauszukommen. Die Kamera diente als Grenze, aber ich konnte bestimmen, es kam auf mich an, denn es gab keine »Mädchengruppe« mehr zum Verstecken. Was mir auch gutgetan hat, war die Bestätigung durch Anfragen, wodurch ich immer kreativer geworden bin. Meine Kamera wurde quasi zu meiner besten Freundin. Ich hatte sie immer dabei, ob als Schutz oder als mein Sprachrohr. Gefühle konnte ich eine Zeit lang wesentlich besser in Bildern ausdrücken als in Worten.

Wie war es für dich, deine Stärken zu entdecken? Für mich war es fast wie ein laaanges Weihnachtsfest, bei dem man schon den ganzen Abend über die hübsch verpackten Geschenke ansieht und beim Auspacken kaum glauben kann, dass unter dem Geschenkpapier noch viel bessere Dinge auf einen warten – man hofft auf etwas Gutes, hat aber auch ein bisschen Angst, enttäuscht zu werden.
Ähnlich, aber mühsamer. Mit der Zeit bekam ich als Fotografin viele Komplimente, konnte sie aber nicht annehmen. Meine Stärken zu entdecken, fühlte sich also eher wie eine Wanderung mit Blick auf den Boden an: Mal sieht man eine Blume, aber sonst nicht viel Schönes. Meine Stärken anzunehmen, würde ich mit dem Blick in die Ferne und über eine

schöne Landschaft vergleichen. Ich habe meinen Blick lange nicht gehoben, ich habe nicht geglaubt, was andere Positives zu mir gesagt haben. Mit der Zeit habe ich es aber akzeptiert und irgendwann konnte ich es tatsächlich fühlen. Eine Stärke, die mir allerdings sehr früh in diesem Prozess bewusst wurde, ist meine Gabe, Menschen einzuschätzen.

Was möchtest du anderen Frauen/Mädchen mitgeben, die gerade dabei sind, ihre Geschenke auszupacken, oder sich auf dieser Wanderung befinden und ihre gottgeschenkten Stärken entdecken?
Ganz kurz: Weniger auf die negativen Stimmen in sich hören, dafür mehr Komplimente annehmen. Oft sind wir mit unserem Denken in unserem Kopf gefangen. Es geht immer nur rund, und von außen lassen wir wenig Neues herein. Wir brauchen aber den Input von außen, sonst bleiben wir bei den schlechten Gedanken über uns selbst.

Mittlerweile bist du ja nicht mehr als Fotografin tätig, sondern hilfst in deinem Business anderen Menschen dabei, mit ihren Ideen und Unternehmen sichtbar zu werden, für sich einzustehen und mit dem, was sie können, rauszugehen. Hättest du damals als schüchternes, stilles Mädchen gedacht, dass du einmal andere darin unterstützt, auf ihre Art »laut« zu sein? Und hast du noch einen Tipp, wie man erkennt, was man kann und was dann der nächste Schritt ist?
Auf keinen Fall hätte ich damals gedacht, dass ich mal das machen werde, was ich jetzt tue! Referate zu halten, war

immer furchtbar und das ist es auch heute noch. Zum Glück gibt es Social Media – da fühle ich mich wohl. Da kann ich mein Potenzial ausschöpfen.

Wie man eigene Stärken erkennt, ist individuell. Ganz oft sind das Dinge, die einem Spaß machen. Dahinter verstecken sich die Stärken. Die Form, in der sie sich zeigen, kann sich aber verändern. Ich fotografiere nicht mehr so oft, aber meine Stärke der Empathie ist geblieben. Man muss sich ausprobieren und gucken, wobei man sich wohlfühlt. Manches funktioniert nur temporär. Doch egal, was man findet, man lernt sich besser kennen und darum geht es ja letztlich.

Irgendein Schritt ist der beste, selbst wenn du deine Stärke oder Idee nur aufschreibst! Das sorgt für Klarheit. Ich empfehle immer, sich im geschützten Rahmen, also mit Familie oder Freunden auszuprobieren, Ideen vorzustellen oder auch mit einem Mentor zu besprechen.

Danke für das tolle und offene Gespräch, Tami! Ich glaube, du wirst einige Mädchen und Frauen mit deiner Geschichte inspirieren. Gibt es noch etwas, dass du ihnen sagen möchtest?

Mit achtzehn Jahren wäre ich noch nicht so weit gewesen, meine Stärken gut zu kennen. Ich glaube, die richtigen Dinge im Leben kommen zur richtigen Zeit. Das Leben hat sein eignes Timing. Darauf dürfen wir vertrauen.

FÜNFTES KAPITEL

VON LEISEN MENSCHEN UND DER LAUTEN WELT

Wenn Introversion doch eigentlich gar nicht so schlecht, sondern sogar sehr gut ist – warum kommen die »lauten« Menschen trotzdem viel besser in der Gesellschaft an? Sind wir Stillen etwa doch nicht so stark? Ich habe mir schon oft gedacht, dass es mit Sicherheit sehr lange dauern würde, bis man meine Gaben vermissen würde, so unsichtbar und unwichtig habe ich mich in der Schule oder der Gemeinde schon gefühlt. Aber wie bei vielen Dingen im Leben ist es so, dass gerade das Unscheinbare den großen Unterschied macht. Mit anderen Worten: Unsere Gesellschaft und unsere Kirchen brauchen stille Menschen! Du bist wichtig! Und warum, das erfährst du jetzt.

Die Welt braucht uns Stille

Den ersten Grund dafür, warum es auf uns Vieldenkerinnen, Leise-Sprecherinnen und unterschätzte Genies ankommt, warum genau du bedeutungsvoll bist, habe ich schon genannt, und auch auf die Gefahr hin, dass ich mich wiederhole, noch einmal: Gott hat dich wunderbar geschaffen und mit Stärken und Talenten ausgestattet. Er hat dir seine Schöpfung anvertraut und dir einen besonderen

Platz in ihr gegeben. Du hast so viel Würde wie eine Königin und niemand kann sie dir nehmen, weil Gott selbst sie dir gegeben hat. Und das darf erst recht niemand tun, weil er glaubt, du seist »zu viel« oder »zu wenig« von irgendetwas!

Wenn dir dieser Grund als Vieldenkerin und Immer-alles-genau-Wissende nicht reicht, habe ich da noch einen anderen Beweis für dich. Ich denke, wir sind uns darüber einig, dass sich gewisse körperliche Merkmale und solche, die mit unserer Persönlichkeit zusammenhängen, nur über einen längeren Zeitraum halten, wenn sie für die Menschheit nützlich sind. Dazu musst du keine Biologin oder eine leidenschaftliche Verfechterin der Evolutionstheorie sein. Was gut ist, wird weitervererbt. Dazu gehört unser aufrechter Gang, genauso wie die Introversion. Ich habe ja oben schon erwähnt, dass mindestens 30 Prozent – wenn nicht sogar die Hälfte – der Menschen in den USA und auch Europa zur leisen Sorte gehören.[29] In einem Blogbeitrag im Internet habe ich ein Zitat von der Autorin Elaine Aron gelesen, die weiß, warum es (immer noch) so viele Stille gibt. Denn wäre nur eine laute Persönlichkeit für das Zusammenleben und Überleben der Menschen nützlich, gäbe es dich und mich vielleicht gar nicht. Aber das ist Gott sei Dank nicht so! In ihrer Theorie geht diese Autorin davon aus, dass es immer »Krieger«, aber auch »Berater« geben muss.[30] Seit es Menschen gibt, sind da Kriegertypen und Beratertypen. Es gibt diejenigen, die ohne viel nachzudenken losmarschieren, am besten mit dem Kopf durch die Wand und koste es, was es wolle. Und dann noch die anderen, die erst denken und dann sprechen, die in schwierigen Situationen Lösungen finden, sich mit dem Feind versöhnen und alle Vor- und Nachteile einer Angelegenheit kennen (und seitdem es Schreibwerkzeuge gibt, diese in Pro- und Kontra-Listen gegenüberstellen). Ein Land, eine Kirche, ein Freundeskreis und jede andere Gruppe von Menschen, sie alle brauchen beide Typen: Die

»Krieger« oder »Pioniere« sind ebenso wichtig wie die »Berater«, also wir Intros. Die einen tragen zum Entstehen und Weiterentwickeln bei, die anderen sorgen dafür, dass die Gruppe bestehen bleibt und sich die Menschen in ihr wohlfühlen.

Um meine Beweisführung abzuschließen, möchte dir noch eine großartige Frau vorstellen. Sie selbst hätte sich wahrscheinlich nicht als »großartig« bezeichnet, sondern sich einfach als Rosa vorgestellt – eine Frau, die müde von der Arbeit kam und nur noch nach Hause wollte. Deshalb setzte sie sich im Bus auf einen Platz, der ihr im Jahr 1955 in Alabama nicht zustand. In dieser Zeit war der Rassismus in den USA noch offensichtlicher, als er es heute ist. Rosa Parks blieb auf einem Platz für Menschen mit heller Hautfarbe sitzen und wurde festgenommen. Dieser Tag sollte ihr Leben verändern. Durch ihre Weigerung löste sie Proteste aus und zog später sogar vor Gericht, weil sie die Ungerechtigkeit der Rassendiskriminierung nicht länger ertragen konnte. Wahrscheinlich kennst du Martin Luther King, der ein Kollege von Rosa Parks im Kampf für gleiche Rechte war. Er konnte sich vor Aufmerksamkeit von der Presse und den Menschen kaum retten, Rosa hingegen stand nicht im Rampenlicht.[31] Sie arbeitete tagsüber als Näherin und engagierte sich nachts mit ihrem Mann in einer Organisation, die für die Aufhebung der Rassentrennung kämpfte.[32] Das war ihr »Überraschungseffekt«, denn davon abgesehen war sie eine unscheinbare, gläubige Christin, der man nichts vorwerfen konnte. Genau aus diesem Grund hatte sie vor Gericht überhaupt eine Chance, gehört zu werden. Nach einem Jahr voller Boykott, Protesten, Gerichtsverhandlungen und einer Vortragsreise mit Martin Luther King, die sie vor lauter Aufregung und Lampenfieber nicht im Geringsten genießen konnte, hatte Rosa Parks es geschafft: Die Rassentrennung in den Bussen wurde aufgehoben! Weil sie sitzen geblieben war. Weil sie standhaft geblieben war. Weil sie Beharrlichkeit und

Mut bewiesen hatte. Weil sie ihre stillen Stärken gekannt und genutzt hatte, wurde die Welt zu einem besseren Ort. Rosa Parks ist das perfekte Beispiel für eine stille starke Frau mit allen Siegen und auch Kämpfen, die im Nachhinein oft übersehen wurde. Die Presse riss sich um den auffälligen und beliebten Martin Luther King, aber nicht um die bescheidene Kämpferin Rosa Parks. Auch wenn das nicht in unser extrovertiertes Bild von einem »perfekten Erfolg« passt, sorgt die fehlende Aufmerksamkeit nicht dafür, dass Rosas Errungenschaften wertlos sind! Allein die Tatsache, dass sich in den USA heute jede erschöpfte Frau unabhängig ihrer Hautfarbe und Herkunft nach einem anstrengenden Tag dorthin setzen kann, wo sie will, ist Lohn genug. Rosa ging es von Anfang an um Gerechtigkeit, um die Sache an sich, nicht darum, für etwas berühmt zu werden. Deshalb ist sie so ein großes Vorbild für mich. Weil sie ihre stillen Stärken kannte und nutzte, wurde die Welt zu einem besseren Ort.

Stille Berühmtheiten

Rosa Parks war nicht die einzige stille Persönlichkeit, die mit ihren Gaben die Welt verbessert hat. In nahezu jedem denkbaren Bereich gibt es Menschen, die, zunächst unterschätzt und übersehen, ein großes Erbe hinterlassen haben. Einige der größten Wissenschaftler und Erfinder waren introvertiert. Da wäre zum Beispiel Albert Einstein, der angeblich Folgendes gesagt haben soll: »Ich bin ein Einspänner und tauge nicht für ein Tandem oder Teamarbeit [...] um ein bestimmtes Ziel zu erreichen, ist es von größter Wichtigkeit, dass ein einzelner Mensch das Denken und das Kommando übernimmt.«[33] Na, fühlst du dich ertappt? Ich schon. So toll wie Teamwork sein soll, ist es für mich oft nicht. Aber da bin ich ja jetzt offensichtlich nicht mehr allein mit. Auch Sir Isaac Newton konnte die Gravitationstheorie nur wegen seines feinen Geistes und seiner ruhigen Art entwickeln.[34] Aber das war jetzt bestimmt keine Überraschung für dich. Ein wortkarger Wissenschaftler ist ein ziemliches Klischee.

Ähnlich offensichtlich wie bei den Forschern ist die Introversion bei vielen Schriftstellern. Harry Potter, Der Herr der Ringe[35], dieses Buch, das du gerade in den Händen hältst, all diese Bücher und viele weitere Werke wären ohne ihre Autorinnen und Autoren mit tiefen Gedanken nie entstanden.

Und dann gibt es da noch ein Gebiet, dessen Fortschritt nicht nur die Entstehung von diesem Buch, sondern auch unser gesamtes Leben stark beeinflusst – die Technik. Zu den stillen, klugen Köpfen gehören Stephen Wozniak von Apple[36], Craig Newmark, der mit dem Online-Portal Craig's List Millionen von Amerikanern zusammenbringt,[37] Larry Page mit Google und nicht zuletzt Mark Zuckerberg mit Facebook[38].

Der mächtigste Mann und die mächtigste Frau der Welt waren für einige Jahre auch zwei Introvertierte. Barack Obama regierte als erster schwarzer Präsident und charmanter, wenn auch eigentlich stiller Mensch, von 2009 bis 2017 die USA. Unsere ehemalige Bundeskanzlerin Angela Merkel ist das weibliche und deutsche Gegenstück, denn auch sie gilt als introvertiert.[39]

Zusätzlich zu diesen Beispielen gibt es noch zahlreiche andere Menschen, die still und stark in der Öffentlichkeit stehen oder standen. Dazu gehören: Woody Allen, Alfred Hitchcock, Clint Eastwood, Michael Jackson, Charles Darwin, Loriot, Steven Spielberg, Claudia Schiffer, Steffi Graf, Günther Jauch, Michael Schumacher, Michael Bully Herbig, Avril Lavigne, Herbert Grönemeyer, Sting, Freddie Mercury, Johnny Depp, Stephen King, Prinz Charles, Abraham Lincoln, Marie Curie und noch viele, viele mehr.[40] Mit

Sicherheit sind auch einige der unzähligen Influencerinnen und Influencer im Reallife gar nicht mal so offen, wie sie sich auf Social Media zeigen.

Die Vielfalt des Reiches Gottes

Als ich das erste Mal die Pfadfindergruppe und damit auch die Gemeinde besuchte, zu der ich mich in meiner Teeniezeit zugehörig gefühlt habe, trug ich meine Lieblingsstiefeletten mit Absätzen und Handtasche. Ja, du hast richtig gelesen, ich bin dort in der denkbar unpassendsten Kleidung aufgekreuzt. Von Freunden wusste ich schon, dass die Pfadfinder dort alle beige Hemden trugen – und das wollte ich auf keinen Fall! (Spoiler: Irgendwann habe ich dieses Hemd dann auch mit großer Leidenschaft getragen und bezeichne mich auch jetzt noch als Pfadfinderin, obwohl ich schon einige Jahre nicht mehr aktiv bin). Aber auch sonst fand ich, dass die Menschen in der Gemeinde einen ziemlich ähnlichen Stil hatten. Das betraf nicht nur die Kleidung, sondern auch die Sprache, die Hobbys und ihren Umgang mit Menschen. Zumindest auf mich wirkte es damals so, als ob sich die Christen allgemein sehr einig zu sein schienen. Hätte ich es nicht besser gewusst, dann wäre ich davon ausgegangen, dass gilt: Je weniger Zeit man allein verbringt, desto »christlicher« ist man. Ein Tag im Leben meiner christlichen Freunde sah damals ungefähr so aus: Vormittags zur Schule, dann zwei Freunde zum Mittagessen mit nach Hause nehmen, zusammen Hausaufgaben machen, danach ab in die Gemeinde zu den Pfadfindern, dem Teenkreis oder einem Worshipabend, gegen 23 Uhr noch schnell und vor lauter Spontanität am besten ohne Bargeld zum Imbiss, damit man später gesättigt die anderen Freunde aus der Partnergemeinde empfangen kann, die die Nacht bei einem verbringen und die am nächsten Tag mit in die Schule, zum Mittagessen, in die Gemeinde, zum Imbiss ... gehen.

Wenn du jetzt ein bisschen flacher atmest und sich deine Schultern beim Lesen verkrampft haben, geht es dir ähnlich wie mir. Ein solches Programm klingt für viele von uns vermutlich nach dem anstrengendsten Tag unseres Lebens. Wenn dein Herz allerdings schneller schlägt vor lauter Vorfreude auf einen Tag, der meiner Beschreibung ähnelt, dann freue ich mich für dich und habe gleichzeitig einen riesen Respekt vor dir – denn das könnte ich nicht.

Ich konnte es auch damals nicht. Egal, wie sehr ich mich anstrengte, mitmachte oder versuchte, mir einzureden, dass Gott mir schon die Kraft für so einen Lebensstil geben würde, es half alles nichts. Ganz eindeutig war ich nicht dafür geschaffen, ständig von anderen Menschen umgeben zu sein. Oder vielleicht doch? In meinem Kopf wirbelten die Gedanken durcheinander: »Na los, probiere es noch mal. Streng dich mehr an! Das kann doch nicht so schwer sein, die anderen haben doch auch Spaß!« Das ging so lange mehr oder weniger gut, bis ich am ersten Schultag nach einem langen Wochenende, an dem ich noch nicht mal nachts oder auf dem sonst so stillen Örtchen meine Ruhe hatte – ihr ahnt es schon, es war ein Zeltlager –, im Krankenhaus gelandet bin. Das war zumindest die Endstation, denn los ging es mit Magenkrämpfen im Geschichtsunterricht und unerklärlichem Weinen im Sani-Raum der Schule. So mies wie in diesem Moment hatte ich mich noch nie zuvor gefühlt! (Triggerwarnung: Es folgt die Beschreibung einer Panikattacke.[41])

Es dauerte nicht lange und ich konnte meinen Atem nicht mehr kontrollieren. Mein Herz schlug mir bis zum Hals. Ich zitterte am ganzen Körper und mein Kopf fühlte sich an, als würde er gleich explodieren. »Moment, was passiert hier? Sterbe ich? Habe ich einen Hirntumor? Wo bin ich überhaupt?«, schoss es mir durch den Kopf, während ich auf der durchgelegenen Liege, die mit einer noch muffigeren Decke überzogen war, auf meine Mutter wartete, die von all dem noch nichts ahnte. Kurze Zeit später fanden wir uns schließlich im Krankenhaus wieder. Auf dem Weg dorthin war es, als wäre ich nicht mehr in mir, als würde ich über mir schweben. Ich sah mir dabei zu, wie ich Todesangst hatte. Das war der Anfang vom Ende. Dachte ich. Einige Monate lang.

Wie du siehst, hatte Gott etwas anderes im Sinn, als er mich schuf. Aber sicher keine Sleep-Over-Queen oder Partymaus. Bis ich das aber verstanden hatte, dauerte es lange. Bis ich lernte, mich so zu lieben, wie ich bin, noch viel länger. Um dir vielleicht einige Umwege, die ich auf dieser Reise genommen habe, zu ersparen, zeige ich dir, dass es mehr als nur die eine Möglichkeit gibt, an Gott zu glauben und mit anderen Christen und Menschen grundsätzlich unterwegs zu sein.

Gott kann auch leise!

Gott hat sich nicht nur eine Sorte Mensch ausgedacht. Und ich glaube, er findet es sogar gut, dass es auch nicht nur die eine Sorte Gemeinde gibt. Selbst Gott beschränkt sich nicht auf eine »Sorte«: Er ist Vater, Sohn und Geist. Gott selbst ist Vielfalt. Gott selbst ist – gar nicht so, wie man zuerst denkt.

Das hat auch der Prophet Elia erlebt. Aber bevor ich dir seine Geschichte, die du übrigens in 1. Könige 17–19 nachlesen kannst, erzähle, muss ich noch etwas anderes loswerden: Ich liebe die Bibel! Sie ist das ehrlichste Buch, das ich kenne. Egal, wie es mir geht, ich kann mich in den Erzählungen und Gedichten wiederfinden. Ich wünsche dir, dass es dir genauso geht! Vielleicht bist du gerade ähnlich enttäuscht, verletzt und hoffnungslos, wie ich es nach meiner ersten Panikattacke war: Du hast alles gegeben und doch hat es niemand gesehen. Du leidest schon seit langer Zeit und scheinbar ist es allen anderen egal. Am liebsten würdest du dich verkriechen, ganz weit weg von deinen Ängsten, Zweifeln und Sorgen. Egal, was man dir sagt, feststeht: Du bist allein. Wenn es dir so geht, dann bist du ganz nah an Elia dran. Er hat dafür gekämpft, dass sich der König Israels und damit auch das Volk wieder an Gottes Gebote hält. Elia teilte in diesem Kampf für Gott ordentlich aus. Er verkündete eine Trockenzeit und Hungersnot. Er trieb 450 Propheten eines anderen Gottes in den Wahnsinn, verbrachte zwei Jahre weit weg von zu Hause bei einer Witwe und ihrem Sohn und die letzte richtig gute Mahlzeit, die er gesehen hatte, war auch schon Ewigkeiten her, als ein Engel ihn in der Wüste mit viel Essen überraschte. Aber auch das bekam Elia nur, um danach vierzig Tage und Nächte lang zu wandern. Lass es mich so sagen: Der Mann war am Ende. Da gab es nichts mehr, was ihm Hoffnung hätte schenken können. Die Jahre mit ihren aufregenden Ereignissen, die hinter ihm lagen, hatten ihn fertiggemacht. Seine Anstrengung schien umsonst gewesen zu sein und so konnte er sich nur noch verstecken und sagen:

> Ich habe dem Herrn, Gott, dem Allmächtigen, von ganzem Herzen gedient. Denn die Israeliten haben ihren Bund mit dir gebrochen, deine Altäre niedergerissen und deine Propheten getötet. Ich allein bin übrig geblieben, und jetzt wollen sie auch mich umbringen.
> *1. Könige 19,10*

Aber Gott ließ ihn nicht allein. Nachdem Elia diese Worte gesagt hatte, forderte Gott ihn auf, aus seinem Loch zu kriechen und nach ihm Ausschau zu halten, denn er wolle an ihm »vorübergehen« (1. Könige 19,11). Vermutlich etwas unsicher hielt Elia Ausschau und sah – ja was würde er denn jetzt sehen? Er kannte die beeindruckenden Auftritte von Königen und hatte selbst schon oft die

Macht Gottes erlebt, da musste dieses »Vorübergehen« ja wohl das Spektakulärste werden, das er je gesehen hatte! Und schon kam ein solch heftiger Sturm auf, dass einige der Berge um ihn herum zerstört wurden. Felsbrocken flogen an Elia vorbei, aber von Gott war keine Spur. Kurz darauf wurde es wieder ungemütlich für die Berge. Dieses Mal wurden sie von einem Erdbeben erschüttert. Elia aber war ernüchtert, denn auch so zeigte sich Gott ihm nicht. Was sollte denn bitte noch heftiger und mächtiger sein als ein Sturm und ein Erdbeben? Viele Optionen hatte Gott nicht mehr. Elia sah ein Feuer. Vermutlich dachte Elia sich: »Wenn Gott jetzt nicht da drin ist, dann fällt mir auch nichts mehr ein.« Leider war Gott auch nicht im Feuer. Was für eine Enttäuschung! Doch dann mischte sich unter Elias niedergeschlagenen Geist und den Gedanken ans Aufgeben ein leiser, sanfter Windhauch. Er fand Elia in seiner Höhle und lockte ihn nach draußen. Immer noch versteckt, jetzt aber unter seinem Mantel, trat Elia Gott entgegen, der ihn fragte: »Was tust du hier, Elia?« (1. Könige 19,13)

Gott, der die Erde und alles, was auf ihr lebt, geschaffen hat, zeigte sich dem am Boden zerstörten Elia ganz still. Gott braucht keine Show, nur Menschen mit offenen Augen und Herzen. Gott begegnete Elia genau auf die richtige Art. Der Mann war im wahrsten Sinne des Wortes überwältigt von seinem Leben, von dem, was er in der letzten Zeit alles erlebt hatte. Noch ein aufregendes Erlebnis mehr hätte er bestimmt nicht verkraftet. Zum Glück ist Gott nicht festgelegt auf unser Bild von ihm! Er kann laut und leise. Wütend und sanft. So, wie er es für richtig hält. Wenn du bis jetzt Angst vor einer Begegnung mit Gott hattest, dann vielleicht, weil du nur seine Nachfolger und nicht ihn in unseren Kirchen und Gemeinden getroffen hast. Weil du Bilder von ihm kanntest, die so gar nicht zu dem passen, was du bist und brauchst.

Elia antwortete Gott auf seine Frage Folgendes:

Ich habe dem Herrn, Gott, dem Allmächtigen, von ganzem
Herzen gedient. Denn die Israeliten haben ihren Bund mit dir
gebrochen, deine Altäre niedergerissen und deine Propheten
getötet. Ich allein bin übrig geblieben, und jetzt wollen sie
auch mich umbringen.

1. Könige 19,10

Die Worte kennen wir schon, aber das ist nicht schlimm, das ist
ehrlich.[42] Gott zeigte sich auf eine ruhige Art und so konnte Elia
sagen, was er wirklich fühlte. Er musste nicht gegen ein Theater,
gegen Erwartungen oder Vorwürfe anbrüllen. Er konnte ganz bei
sich selbst bleiben, denn Gott kam auf Elias Art zu ihm.

Ich wünsche dir, dass du so eine Art Gottesbegegnung auch
erlebst, wenn es dir schlecht geht. Ich träume davon, dass wir anderen Menschen auf diese Weise entgegentreten können. Ruhig, auf
unsere Art und auf Augenhöhe. Egal, ob in der Gemeinde, in der
Schule, Uni, auf der Arbeit oder ganz privat. Denn Gott kann leise.
Gott kann laut. Gott kann so viel mehr, als wir glauben.

**durch Gottes Geist sind
wir innerlich stark.**

Gemeinde kann nur laut?

Kennst du das? Du bist bei einem Gottesdienst oder auf einer
christlichen Konferenz und der Moderator fordert dazu auf, die
eigenen Sitznachbarn zu begrüßen. Oder die leidenschaftliche
Lobpreisleiterin ruft dazu auf, nicht sitzen zu bleiben, sondern
aufzustehen und am besten noch zu tanzen. Und dabei sollst du
dich »frei fühlen«, zu sein, wer auch immer du bist. In solchen

Momenten werde ich innerlich zerrissen. Ich habe keine Lust, meinem fremden Sitznachbarn die Hand zu schütteln und nach seinem Namen und Gemütszustand zu fragen, weil ich ihn wahrscheinlich sowieso ziemlich schnell wieder vergessen werde. Auf der anderen Seite würde ich alles tun, um nirgendwo negativ aufzufallen. Also gehorche ich meistens den gut gemeinten Aufforderungen von der Bühne und beuge mich dem Gruppenzwang, aber »Come as you are« (Komm, wie du bist) kommt mir dann vor wie ein schlechter Witz.

Abgesehen von diesen für mich befremdlichen Ritualen mag ich große Kirchen und christliche Veranstaltungen aber. Dort sind meistens so viele Menschen, dass ich ziemlich ungestört Zeit mit Gott verbringen, Neues über ihn lernen und mich am Anblick seiner Gemeinde erfreuen kann. Andere Menschen schätzen diese Art von Veranstaltungen mit Sicherheit aus anderen Gründen – weil sie dort so viele (neue) Menschen treffen, die Musik viel besser ist als in der Dorfgemeinde oder sie die Predigten mehr ansprechen. Und das ist auch in Ordnung so.

In Deutschland gibt es unzählige verschiedene Kirchen und Freikirchen. Manche haben sich in Bünden zusammengeschlossen, andere machen ihr eigenes Ding und jede ist auf ihre Art und Weise der Ort, an dem Menschen Gott, sich selbst und anderen begegnen. Das ist großartig! So einzigartig wie wir Menschen es sind, sind auch unsere Gemeinden. Allein darüber könnten Mengen an Büchern geschrieben und Bibliotheken gefüllt werden! Weil du und ich aber nicht wirklich die Zeit haben, das alles zu lesen, kommen hier meine Top 5 »Kirche für die Stillen – Stille für die Kirchen«:

1. **Gebetsräume/-häuser:** Ich habe beobachtet, dass die treusten und »fleißigsten« Beterinnen und Beter meiner Gemeinde introvertiert sind. Sie setzen ihre stillen Stärken ein, sehen so

die Not um sich herum und rennen damit zu Gott. In vielen Städten gibt es mittlerweile Gebetshäuser. Das sind Orte, in denen rund um die Uhr gebetet wird, Gott im Mittelpunkt steht und in denen du jederzeit selbst vor Gott zur Ruhe kommen kannst. Vielleicht hat deine Gemeinde auch einen Gebetsraum (wenn nicht, dann gestalte doch einen) oder du suchst dir die nächste katholische Kirche – die ist tagsüber meist durchgehend geöffnet und wie eine Ruheoase in der lauten Stadt.

2. **Meditation:** Was einem erst mal etwas komisch vorkommt, ist das Meditieren. Die meisten denken dabei eher an Esoterik als an Kirche. Aber seit Hunderten von Jahren beruhigen sich Menschen mit der Hilfe ihrer Atmung, lesen dann Bibeltexte und hören, was Gott ihnen sagen möchte. Alles, was du dafür brauchst, hat du immer dabei: deinen wunderbaren Körper, den Gott dir geschenkt hat, damit du ihn benutzt, und deinen Geist. Im besten Fall hast du sogar eine Bibel(-App) dabei. Du brauchst dafür kein Händeschütteln, keinen Small-Talk, keine Band und (außer natürlich Gott) nichts von dem, was du sonst mit Gemeinde verbindest.

3. **Kleingruppen/Small-Groups/Hauskreise:** Wusstest du, dass Kirche mit etwas mehr als zehn Leuten angefangen hat, Menschen, die einfach ihren Glauben und ihr Leben teilten? Stille Menschen können sich am besten vor kleinen Gruppen, den engsten Freunden, öffnen. Ich glaube, spätestens seit Anfang 2020 wissen wir, dass Gott auch dabei ist, wenn sich nur wenige treffen, um über ihn nachzudenken und mit ihm Gemeinschaft zu haben. Manchmal fühle ich mich im großen Gottesdienstsaal mit all den Menschen dort regelrecht verloren und finde »meinen Platz« nicht. Wo ich aber aufblühe und kaum aufhören kann zu reden, ist mein Haus-

kreis. Wir treffen uns in regelmäßigen Abständen bei jemandem zu Hause, lesen in der Bibel, erzählen uns von unseren Problemen und Freuden im Leben und beten zusammen. Einige behaupten sogar, es gebe an so einem Abend leckere Snacks – aber wenn die Info die Runde macht, dann sind wir bald keine kleine Gruppe mehr.

4. **Die Empore:** Wie ist der Raum aufgebaut, in dem du Gottesdienst feierst? In meiner Gemeinde gibt es eine Empore, auf der nur ganz wenige Menschen sitzen. Die meisten wollen mittendrin im Geschehen am Sonntagmorgen sein, aber mir geht es da oben mit genug Abstand am besten. Die alten Bänke sind zwar nicht so bequem wie die neuen Stühle unten, das macht mir aber nichts aus, weil ich eine ganze Sitzbank nur für mich allein hab. Das ist dann mein Platz für diesen Morgen. Ich entscheide selbst, mit wem ich reden möchte und ob ich die Beine ausstrecke oder nicht. Suche dir in deiner Gemeinde doch auch einen Ort, von dem aus du den Lobpreis und die Predigt richtig genießen kannst!

5. ~~Stille~~ **Kreativzeit mit Gott:** Morgens noch vor dem Frühstück in der Bibel oder einem Andachtsbuch lesen? Ohne mich! Das ist auch eine Tradition, die du gern so abändern darfst, damit sie für dich passt. Ich habe herausgefunden, dass ich »fertige« Andachten nicht mag, erst etwas im Magen haben muss und am liebsten kreativ bin. Also lese ich entweder abends Bibel oder setze mich nach dem Frühstück noch mal mit meinen Brushpens hin und lettere einen Vers, der mich den Tag über begleiten soll. So kann ich Gott auf meine stille Art begegnen. Ich verrate dir noch ein gut gehütetes Geheimnis: Ich spiele ein bisschen Gitarre, aber nur, wenn niemand außer Gott zuhört. In meiner Schulzeit habe ich

mich oft nach dem Mittagessen in mein Zimmer verzogen und für Gott Gitarre gespielt. Oder ich habe, wenn ich mit unserem Hund gehen musste, einfach im Wald Worship-Songs vor mich hingesungen.

Abigajil: eine stille Frau Gottes

Eben haben wir schon Elia kennengelernt, von dem man zwar gar nicht genau sagen kann, ob er intro- oder extrovertiert war, aber mit dem Gott auf eine leise Art gesprochen hat. In der Bibel können wir jedoch noch von anderen Menschen lesen, die ich tatsächlich als introvertiert bezeichnen würde (soweit man das mit fast 3 000 Jahren Zeitabstand überhaupt kann). Einige davon hast du ja im zweiten Kapitel schon kennengelernt. Eine ganz besondere Frau aus dem Alten Testament möchte ich dir aber noch vorstellen. Ihr Name kommt uns heute etwas seltsam vor, damals vor fast 3 000 Jahren war sie eine Heldin. Sie wusste genau, wie sie ihre stillen Stärken einsetzen musste, um einen Krieg zu verhindern. Die Rede ist von Abigajil. Du kannst ihre Geschichte im 1. Samuel 25 nachlesen.

Abigajil lebte mit ihrem Mann Nabal und viel Besitz in einem kleinen Ort in Juda, und zwar genau zu der Zeit, als David sich in der Wüste nebenan vor dem wütenden König Saul versteckte. Er wusste, dass Nabal ein großes Fest geben würde, und bat ihn, ihm und seinen Leuten etwas von dem vielen Essen abzugeben. Das wäre eigentlich kein Problem gewesen, denn Nabal war wirklich reich und David hatte noch etwas gut bei ihm. Doch Nabal beleidigte David nur. Deshalb holte David 200 Soldaten und wollte bis zum nächsten Morgen alle Männer Nabals töten.

Nach so viel Männergehabe ist jetzt endlich Zeit für den Auftritt der Frau.

Abigajil erfuhr von Davids Plan. Ein Knecht kam aufgeregt zu ihr und sagte:»Du musst irgendwas tun!«Scheinbar war Abigajil dafür bekannt, dass sie in schwierigen Situationen einen Ausweg wusste. Sie durchschaute den Streit zwischen den beiden Männern und packte Unmengen an Essen auf Esel, mit denen sie dem wütenden David entgegenritt. Bestimmt war sie aufgeregt, denn eigentlich konnte man mit ein paar Hundert Kuchen nicht gegen 200 bewaffnete Männer gewinnen. Davon ließ sie sich aber nicht abhalten. Abigajil war entschlossen: Es würde keinen Krieg zwischen ihrem Mann und David geben. Und schon sah sie ihn. Sie hätte David jetzt zur Rede stellen können, warum der denn bitte wegen eines bisschen Essens einen Krieg anzetteln wollte. Sie hätte auf ihn zu stampfen und ihm mal so richtig die Meinung sagen können – machte sie aber nicht. Das gehörte sich nämlich nicht. Ja, mit Anstand und klugen Worten verhinderte man Kriege. Ein Feuer in einem Wohngebiet bekämpft man ja immerhin auch nicht mit Feuer. Elegant und eilends schnell stieg Abigajil von ihrem Esel ab und warf sich vor David auf den Boden.»Es ist alles meine Schuld! Ich kann dir alles erklären«, sagte sie. Ihr Mann baute Mist und sie lag jetzt im Dreck. Abigajil war sich nicht zu schade – aber auch nur, weil sie einen Plan hatte! Ihr Herz schlug ihr bis zum Hals, aber ihre Gedanken waren noch nie klarer gewesen.»Nabal ist ein unverbesserlicher Dummkopf!«, mit diesen Worten begann sie eine Rede, mit der sie Leben rettete. Sie erzählte David, dass es eigentlich Gott sei, der ihn gerade aufhalte und dass Nabal schon noch gerecht bestraft, David selbst aber von Gott beschützt werde. Er müsse diesen Krieg nicht anfangen, nur vergeben und die Geschenke annehmen, dann sorge Gott für ihn. Kurzes Schweigen. Dann rief David, man könnte schon fast sagen vor Erleichterung:

Ich danke dem HERRN, dem Gott Israels, dass er dich gerade in diesem Augenblick zu mir geschickt hat! Wie froh bin ich über deine Klugheit! Gesegnet sollst du sein, weil du mich heute davon abgehalten hast, mich auf eigene Faust zu rächen und Blut zu vergießen. Vor dem lebendigen HERRN und Gott Israels, der meinen bösen Plan durchkreuzt hat, muss ich gestehen: Keiner von Nabals Männern hätte den nächsten Morgen erlebt, wenn du nicht so schnell gehandelt hättest.

1. Samuel 25,32-34; HFA

Jetzt stell dir das mal vor. Da war ein Mann (na ja, eigentlich 201 Männer) auf dem Weg in eine Schlacht und eine Frau überzeugte ihn mit ein paar Sätzen und Eseln voller Essen. Der Werbeslogan »Du bist nicht du, wenn du hungrig bist«[43] passt hier nicht so ganz. Es war nämlich wohl kaum das Essen, das David vom Blutbad abgehalten hat, sondern Abigajil, die ihre stillen Stärken einsetzte und durch die Gott sprach. Mit den Worten der katholischen Theologin Karin Emmerich:

»Abigajil [ist] höflich und formgewandt, […] blitzgescheit und vernunftbegabt, […] wendig und umsetzungsstark, […] verantwortungsvoll und pflichtbewusst und […] überzeugend und durchsetzungsstark.«[44]

Wenn du bis jetzt geglaubt hast, dass dein Talent fürs Kochen oder Backen und dafür, die richtigen Worte zu finden und auf Gott zu hören, nutzlos ist, dann habe ich dich hoffentlich vom Gegenteil überzeugt. Abigajil vereint viele der stillen Stärken, die ich im vorherigen Kapitel vorgestellt habe. Sie sind so wertvoll, damals genauso wie heute. Die Geschichte von Abigajil hat ein Happy End, ihr zorniger Mann stirbt und sie heiratet David, der später König und Vorfahre von Jesus wird. Wie deine Geschichte weitergeht, entscheidest du selbst. Du kannst deine stillen Stärken entdecken, sie nutzen und damit Großes für Gott, die Menschen um dich herum und dich selbst bewirken. Bist du bereit?

SECHSTES KAPITEL

SURVIVAL-KIT FÜR STILLE

Wenn ich von meiner Zeit bei den Pfadfindern erzähle, schwärme ich von unserer Fahrradtour durch Südschweden, den Nächten an der Feuertonne im Schnee, den Wanderungen mit Fünfzehn-Kilo-Rucksack und einigen anderen Dingen, von denen ich nie geglaubt hätte, dass ich sie mich jemals trauen, geschweige denn, Spaß daran haben würde. Manche Situationen waren wirklich abenteuerlich, auch wenn wir zuvor viel über das Feuermachen, Erste Hilfe, Orientierung und andere praktische Dinge gelernt hatten. Für den äußersten Notfall trug jeder von uns immer sein AZB-Päckchen bei sich. Es war gefüllt mit wasserfesten Streichhölzern, einer Rettungsdecke und etwas Verbandszeug. Es war gefüllt mit ein bisschen Sicherheit und der Möglichkeit, sich selbst zu helfen. In diesem Kapitel packen wir gemeinsam dein ganz persönliches Allzeit-Bereit-Päckchen für die Alltags-Wildnis, die uns Stille da draußen erwartet.

Du bist nicht die wichtigste Person

Diese eine Situation. So peinlich. Da wäre der Erdboden zum Verschwinden noch zu nah gewesen – am Mond hättest du dein Leben viel lieber weitergeführt. Dort, wo niemand ist, der sich an diese eine Situation erinnern kann.

Ähm … welche war das gleich noch mal? Ich kann mich nämlich nicht mehr entsinnen! Ich weiß nur noch, dass es Momente gab, in denen ich mich am liebsten in Luft aufgelöst hätte, aber genau beschreiben könnte ich sie jetzt nicht mehr. Komisch, oder? Dabei dachte ich doch, ich könnte mich nie wieder dort blicken lassen, wo mir mein Missgeschick passiert ist. Ich dachte, alle würden sich die nächsten Jahre lang noch darüber lustig machen und mein Gesicht wäre durchgängig errötet vor lauter Scham! Aber es kam anders – Gott sei Dank! Der hat unser Gehirn nämlich so entworfen, dass es Erinnerungen an Unangenehmes löschen kann. Wenn es nicht gerade überlebensnotwendig ist, diesen »Fehler« nie wieder zu machen, werden die Gedanken daran immer weniger, bis sie schließlich im hirneigenen Papierkorb landen.[45] Das zu wissen, hilft mir zwar nur wenig bei der peinlichen Errötung meines Angesichts, doch diese Weisheit vielleicht schon: »Du bist gar nicht so wichtig, wie du denkst!«

Wie jetzt? Gott liebt mich doch und ich bin ihm wichtig … wie kann man da so etwas sagen? Lass es mich so formulieren: Du bist den anderen, die im Raum sind, gar nicht so wichtig, dass sie noch ewig an deine kleine Peinlichkeit denken werden. Du bist ihnen noch nicht einmal so wichtig, dass du in ihrem Gesichtsausdruck ihre Meinung über dich ablesen könntest. Auch wenn es so aussieht und es sich so anfühlt, als würden alle dich anstarren, wenn du einen Raum betrittst oder sich die kichernden Mädels da hinten in der Ecke jetzt genau über dich amüsieren, ist es meist nicht so. So wichtig bist du nicht! Tatsächlich sollen Forscher herausgefunden haben, dass 60 Prozent des Gesichtsausdrucks nicht etwa die Meinung über das Gegenüber ausdrücken, sondern den eigenen inneren Zustand widerspiegeln.[46] Wenn dich also das nächste Mal jemand schief anschaut, beziehe seinen Blick nicht direkt auf dich. Es ist wirklich unwahrscheinlich, dass mit dir etwas nicht stimmt!

Scham ist ein schlechter Ratgeber

Wir alle kennen das trotzdem: Ein Blick und ich frage mich, ob ich meine Klamotten heute Morgen richtig herum oder überhaupt angezogen habe und nicht doch im Schlafanzug aus dem Haus gegangen bin. Von einer Begebenheit muss ich dir – so unter uns Frauen – deswegen berichten: Es war in der Unter- oder Mittelstufe und ich saß mit anderen Mädchen nach der Schule an der Bushaltestelle, als mein Oberteil etwas verrutschte. »Man kann bei dir alles sehen«, wies mich eine Mitschülerin darauf hin. Doch weil wir uns nie richtig gut verstanden hatten und ich sie für perfekt hielt, wollte ich diesen Hinweis von ihr nicht wahrhaben. »Ach Quatsch«, entgegnete ich, »das Top muss so!« Aber Leugnen war zwecklos und so beschrieb mir meine Klassenkameradin ausführlich vor den anderen an der Bushaltestelle, wie schief mein Oberteil wirklich war. Ich hatte ja gehofft, ich müsste mich nicht weiter mit ihr herumschlagen, wenn ich die Peinlichkeit einfach abtue, aber es wurde nur schlimmer. Ein »Oh, das habe ich gar nicht bemerkt. Danke, dass du das sagst!« hätte die unangenehme und bloßstellende Unterhaltung schnell beendet – doch meine Scham trieb mich in eine Diskussion darüber, wie mein Top sitzt. Zu solch komischen Reaktionen können uns nur zwei Gefühle bewegen: Angst und Scham.

Wahrscheinlich hast auch du, während du gerade die letzten Zeilen gelesen hast, an eine unangenehme Situation denken müssen, die dein Gehirn leider noch nicht ganz verdrängt hatte – das tut mir leid! Vor allem möchte ich mich für das schreckliche, unbehagliche Gefühl entschuldigen, das ich bei dir ausgelöst habe, denn genau solche Erinnerungen begünstigen, dass neue Scham entsteht. Aber auch unvermeidbare Situationen und Überforderung können dazu führen, dass wir uns am liebsten verkriechen wollen.[47]

In diesen Momenten oder schweren Zeiten im Leben halten wir uns Missgeschicke, Fehlentscheidungen und alles, was wir sonst noch anders hätten machen wollen, vor. Für mich ist es aber am schlimmsten, wenn ich mich an Fehler oder alte Verhaltensmuster erinnere und plötzlich glaube, ich sei immer noch so. Dabei fahre ich gut Auto, obwohl ich die Prüfung erst beim dritten Versuch bestanden habe. Dabei halte ich heute gern Vorträge, auch wenn ich früher immer total rot geworden bin. Das Leben geht weiter, auch nach Dingen, die du gern anders gemacht hättest! Und nur schlecht ist die Scham gar nicht!

Das »Problem« aber, das wohl fast alle stillen und schüchternen Menschen kennen, ist das schamvolle Erröten. Es gab eine Zeit, da musste mir nur jemand einige Male »Du wirst ja ganz rot!« sagen und es passierte mir tatsächlich. Jedes Mal habe ich mich ziemlich geschämt und gefragt, wozu diese rote Farbe in meinem Gesicht überhaupt da ist? Sie hat noch nicht einmal mit meinen roten Haaren harmoniert! Wer hat sich das bitte ausgedacht? Da kann doch keine gute Absicht dahinterstecken! Tut es aber, denn das Rotwerden ist eine sehr simple und wirksame Form der Kommunikation. Wer rot wird, weckt in anderen Menschen Mitgefühl und gibt zu verstehen: »Ich weiß, dass ich etwas falsch gemacht habe. Verurteile mich nicht, kümmere dich stattdessen lieber um mich.«[48] Sieh deine wechselnde Gesichtsfarbe doch als unbewussten Türöffner in die Herzen der anderen. Sie fühlen mit dir, wenn du ein Referat hältst. Sie finden dich sympathisch. Sie atmen innerlich auf und verbinden sich mit dir, weil auch du nur ein Mensch bist wie sie. Jeder wird mal rot. Jeder macht Fehler. Jeder zweifelt auch mal an sich und fragt sich, was die anderen jetzt wohl denken werden. Da sind wir in guter Gesellschaft!

Lass die Aufgaben der anderen bei ihnen

Du bist die Einzige, die sich Gedanken darüber macht, wie du aussiehst

Mit diesen beiden Sätzen kann man das Prinzip der Aufgabentrennung von dem Psychologen Alfred Adler auf den Punkt bringen. Jetzt denkst du vermutlich:»Aufgaben ... was? Alfred ... wer? Na ja, wenigstens kommt es mir bekannt vor, dass ich mir darüber Gedanken mache, was die anderen über mich und mein Aussehen denken könnten!«

Lass mich dir nach Carl Gustav Jung und Sigmund Freud nun den dritten großen Psychologen vorstellen. Sie waren definitiv keine Freunde, aber wir können von jedem der drei etwas lernen. Alfred Adler bringt uns bei, sich nicht durch die vermeintlichen Gedanken der anderen von seinem Weg abbringen zu lassen. Was für eine geniale Sache! – Schade, dass er nur so wenigen Menschen bekannt ist, aber das ändere ich jetzt hoffentlich ein klein wenig.

Bestimmt hast auch du schon mal kleinere oder größere Entscheidungen getroffen, weil du es anderen Menschen recht machen wolltest. Für dich selbst wäre eigentlich die gegenteilige Option besser gewesen, aber du wolltest die anderen nicht enttäuschen. Vielleicht spielst du eine Rolle, um dazuzugehören. Oder du denkst, die anderen kennen dich nun mal auf diese eine Weise, da kannst du doch nicht einfach aus der Reihe tanzen. Womöglich würden sie dich sogar verurteilen und nie wieder ein Wort mit dir reden. Du könntest das Gesprächsthema Nummer eins für Wochen sein. Na gut, dann entscheide dich so, wie alle anderen es von dir erwarten.

In diesem Moment würde Alfred Adler mit einem riesigen Stopp-Schild auf dich zu gerannt kommen und sagen:»Was sie über dich denken, ist ihre Aufgabe – nicht deine. Geh deinen Weg!« Das ist mit dem Prinzip der Aufgabentrennung gemeint. Leider lebt er seit 1937 nicht mehr, sonst hätte er uns allen das Leben oft schon viel leichter gemacht. Ich bin davon überzeugt, dass es einen Weg für jede Einzelne von uns gibt, den Gott entweder schon geplant hat oder noch ebnen wird. Deinen Weg. Diesen Weg, wie auch immer er aussieht, solltest du gehen, auch wenn andere etwas dagegen haben könnten. Es ist deine Aufgabe, dich um dein Leben zu kümmern. Die Aufgabe der anderen ist es, sich um ihre Leben zu kümmern. Denn jeder ist nur für das Ergebnis zuständig, das ihn betrifft. Wenn du dein Leben nach Maßstäben von anderen Menschen lebst, musst du letztlich damit klarkommen, wenn du deine Träume nicht verfolgt hast. Wenn du dich nach den neuesten Trends kleiden willst, um cool zu sein, musst du damit leben, dass du dich vielleicht nur verkleidest und niemals du selbst bist. Etwas ist deine Aufgabe, wenn du diejenige sein wirst, die das Ergebnis direkt zu spüren bekommt. Es ist nicht deine Aufgabe, dir den Kopf über die Gedanken der anderen zu zerbrechen, denn es ist ihre Perspektive, die sie damit beeinflussen. Ob dich jemand mag, ist nicht deine Aufgabe. Alles, was du tun musst, ist, du selbst zu sein und den Weg zu gehen, den Gott für dich bereithält.

Das ist leichter gesagt als getan. Oft ist es unglaublich herausfordernd – ich kenne das nur zu gut! Aber lass mich dir erklären, warum es sich trotzdem lohnt.

Wenn du dein ganzes Leben so lebst, dass andere damit zufrieden sind oder es gut finden, dann lebst du wahrscheinlich deren Leben und nicht deins. Was schon wirklich schade ist. Viel schlimmer ist aber, dass du die anderen zu deinem Gott machst! Sobald du anfängst, dir Sorgen darüber zu machen, was andere von dir denken, wünschst du dir Anerkennung von ihnen. Daran ist erst mal nichts falsch, denn wir alle wollen gesehen und gelobt werden, aber dieser Wunsch wird schnell unbewusst zum höchsten Ziel deines ganzen Daseins – und das sollte er wirklich nicht sein! Viel besser und lange nicht so enttäuschend oder schmerzhaft ist es, wenn du Gott die Maßstäbe für dein Leben setzen lässt. Er liebt dich, hat dich wunderbar geschaffen und kennt dich. Er ist der eine, dem du dein Leben anvertrauen kannst.

Erinnerst du dich an meine Freundin Jeneela und das, was sie im Interview zu mir gesagt hat? Sie meinte:»Wer nicht mit meiner stillen Art zurechtkommt, muss auch nicht mit mir befreundet sein.« Das genau ist Aufgabentrennung. Ob andere Menschen dich mögen, ist ihre Aufgabe und liegt nicht in deinem Machtbereich. Du kannst es nicht beeinflussen, ob jemand dich mag, denn es ist allein seine Aufgabe. Alles, was du tun kannst und solltest, ist, dein Leben mit deiner wunderbaren Persönlichkeit zu Gottes Ehre zu leben! Nutze dein eigenes»Stilles Strahlen«, anstatt nur schwach das Leuchten von anderen zu reflektieren!

Mache nicht zu deinen Aufgaben, was nicht zu deinen Aufgaben gehört

Das Prinzip der Aufgabentrennung geht noch weiter, denn es bedeutet zum einen, lass die anderen denken, was immer sie wollen, aber auch, dass du nicht für alles und jeden die Verantwortung übernehmen musst. Eine Zeit lang waren ein schlechtes Gewissen und tausende To-dos meine ständigen Begleiter. Ich fühlte mich für vieles schuldig, selbst wenn es gar nichts mit mir zu tun hatte. Sobald etwas organisiert werden sollte oder irgendwo noch Helfer fehlten, war ich die Erste, die sich gemeldet hat – gern auch für drei Dinge gleichzeitig. Kennst du das?

Wenn ja, dann verschafft dir die Aufgabentrennung von Alfred Adler hoffentlich Erleichterung. Egal, ob es um einen Gefallen für eine Freundin oder ein riesiges Projekt geht – frage dich ab heute zunächst immer:»Ist das wirklich meine Aufgabe?«Ist es wirklich deine Aufgabe, dir eine ganze Nacht lang den Kopf über die Sorgen deiner Freundin zu zerbrechen? Ist es wirklich deine Aufgabe, bei einem Streit in der Gemeinde zwischen die Fronten zu geraten? Ist es wirklich deine Aufgabe, in letzter Sekunde bei einer geplanten Aktion einzuspringen, obwohl du doch eigentlich schon etwas anderes Wichtiges vorhattest? Die Welt wird in den seltensten Fällen tatsächlich untergehen, wenn du Nein sagst. Dadurch, dass du die Aufgaben trennst, schützt du dich und schaffst Freiheit für Gottes Wirken – in deinem eigenen Leben und in der Situation, die du gar nicht retten musst.

Selbstlügen gegen Wahrheiten

Wie Selbstlügen dich ausbremsen

Einige der großen Fallen für stille Menschen hast du schon kennengelernt und erfahren, wie man sie überwinden kann. Dein AZB-Päckchen ist gefüllt mit Gelassenheit, Ehrlichkeit und jeder Menge Neins. Weder Selbstbezogenheit noch Scham oder das Gefühl, für alles und jeden verantwortlich zu sein, können dich jetzt noch stoppen! Du hast dich von den Erwartungen der anderen an dich befreit und gibst dein Leben dem Einzigen, der es wirklich in seinen Händen halten kann – Gott. Was könnte dir jetzt noch im Weg stehen, außer du selbst?

Und genau damit sind wir schon beim Kern der Sache. »Ich kann das eh nicht.« – »Nein, dafür bin ich viel zu schüchtern!« – »Nie im Leben werde ich das schaffen.« – »Damit fange ich besser erst gar nicht an, dann bin ich nachher nicht so enttäuscht, wenn es nicht klappt.« Kennst du solche Sätze? Mir kommen sie sehr bekannt vor! An meiner Geschichte möchte ich dir zeigen, wo diese sogenannten Selbstlügen oder negativen Glaubenssätze herkommen und warum wir sie alle schnell loswerden sollten.

In meiner Teeniezeit ging ich in eine Gemeinde mit langer Tradition. So alt wie sie selbst waren auch einige ihrer Angewohnheiten. Obwohl vieles nicht laut ausgesprochen wurde, wusste ich genau, was man tun durfte und was man unbedingt vermeiden sollte. Zu Letzterem gehörte vor allem, als Frau zu predigen und kritisch seine Meinung zu äußern. Auch hatte ich oft den Eindruck, dass negative Gefühle, wie Angst oder Traurigkeit, nicht gern gesehen waren. Es durfte nicht um einen selbst gehen, egal, wie schlecht man sich fühlte. Vielleicht kennst du solche Strukturen auch aus deinem Umfeld oder erlebst andere Zwänge durch unausgesprochene oder allseits bekannte Regeln. Als introvertiertes und schüchternes Mädchen trafen mich diese Traditionen besonders hart. Ich fühlte mich immer mehr zum Schweigen verdammt. Nicht nur, dass ich grundsätzlich schon der leise Typ war, der seine Wut eher runterschluckt, als damit schlecht aufzufallen, dort wurde mir vorgelebt, dass dies richtig ist. In meinem Kopf liefen folgende Sätze nach einer gewissen Zeit also in Dauerschleife: »Du bist eine Frau und hast nichts zu sagen.« – »Deine Gefühle sind unwichtig.« – »Du musst stark sein.« – »Füge dich ein, du kannst eh nichts verändern.« – »Du bist machtlos. Wenn du schweigst, geht es dir am besten.« – »Falle bloß nicht auf und erst recht nicht wegen dem, was du sagst.« – »Zieh dich so an, dass du reinpasst.« – »Mach dich selbst klein, wenn es nötig ist.« – »Verleugne, was du gerne machst oder machen würdest.« – »Sei still!« Diese Lügen wurden immer lauter in mir und ich wurde immer mehr sie. Von einem Mädchen mit Meinung wurde ich zu einer Hülle, gefüllt mit falschen Vorstellungen über mich und meinen Gott.

Es macht mich heute noch traurig, wenn ich an diese Zeit zurückdenke, und es ist mir so wichtig, andere junge Frauen aus solch zerstörerischen Gedankenschleifen zu befreien, egal, wer sie verursacht hat! Denn was bei mir die ungeschriebenen Gesetze dieser Gemeinde waren, sind bei dir vielleicht die herabwürdigenden Sprüche deiner Eltern. »Aus dir wird sowieso nichts.« Oder: »Du warst schon immer tollpatschig und schusselig.« Möglicherweise gehört Mobbing auch zu deinem Alltag in der Schule, der Uni oder auf der Arbeit. Was zu Beginn noch harmlose Hänseleien waren, hat sich mit der Zeit tief in dein Herz gefressen und dir die Hoffnung genommen. Eins haben diese Lügen gemeinsam: Sie werden zuerst (wiederholt) über uns ausgesprochen, bis wir sie irgendwann glauben und zu unseren eigenen machen – zu unseren Selbstlügen, unserem Gefängnis.

Wie wir Selbstlügen verbannen

Dass es solche negativen Glaubenssätze oder Selbstlügen gibt, weißt du jetzt. Möglicherweise sind dir auch direkt welche eingefallen, die sich in deinem Kopf breitgemacht und dein Bild von dir selbst und der Welt mächtig verrückt haben. In diesem Abschnitt fühlen wir ihnen auf den Zahn, wir erkennen sie und lernen das beste Gegenmittel kennen.

Beobachte dich in den nächsten Tagen doch einmal selbst. Am besten bittest du Gott vorher, dir zu zeigen, welchen Lügen du glaubst und in welchen Situationen sie zutage treten. So entdeckst du die Glaubenssätze und kannst sogar Rückschlüsse auf ihren Ursprung ziehen.

- Wann taucht die Stimme in deinem Kopf auf, die dir sagt, du könntest oder solltest etwas nicht tun? Oder die dich in eine bestimmte Rolle hineinzwängt?
- Sind es bestimmte Personen, die diesen Satz in dir antriggern?
- Fühlst du dich zum Beispiel nach einem Gespräch mit deiner Schwester oder deinem Bruder plötzlich gar nicht mehr so gut auf die nächste Klausur vorbereitet?

- Fängst du an, in den Tiefen deiner Vergangenheit zu wühlen und Missgeschicke hervorzukramen, während du dich mit einer Freundin unterhältst?
- Geben dir Menschen in der Gemeinde das Gefühl, nicht genug zu sein?
- Zweifelst du jedes Mal an dir selbst und allem, was du bisher geschafft hast, wenn du Instagram öffnest?
- Gibt es bestimmte Momente in deinem Leben, die dich immer wieder überfordern oder ein schlechtes Gefühl in dir auslösen?

Es können ganz verschiedene Menschen und Situationen sein, die Selbstlügen in dir hervorbringen. Auch wenn du jetzt noch kein genaues Szenario im Kopf hast, ist das nicht schlimm. Wir beschäftigen uns auf den nächsten Seiten noch damit und du bekommst einige Beispiele, aber auch die Chance, deine ganz persönlichen negativen Glaubenssätze in gute Wahrheiten zu verwandeln. Den ersten Schritt auf dem Weg aus deinem Gefängnis hast du aber schon jetzt getan: Du schaust mit Gottes Hilfe dein Leben an und bittest ihn um Freiheit!

Jesus antwortete: Ich bin der Weg, die Wahrheit und das Leben.

Erinnerst du dich an die erste Erzählung, die in der Bibel steht (1. Mose 1)? Oder an die beiden Psalmen (Psalm 8; Psalm 139,14), die ich dir zu Beginn des Buches vorgestellt habe?

In diesen Texten spricht auch jemand Dinge über uns Menschen aus. Sie klingen aber so ganz anders als das, was ich mir einige Jahre meines Lebens anhören musste, denn sie halten mich nicht gefangen, sondern setzen mich frei. Es ist nicht irgendjemand, der da spricht. Es ist Gott höchstpersönlich. Dein göttlicher Vater redet zu dir. Und er sagt nicht irgendetwas. Er spricht Wahrheiten über dich aus: »Du bist sehr gut. Ich will dir alles geben, was du brauchst. Ich habe dich mit einem Sinn an den Platz gestellt, an dem du jetzt bist. Du darfst meine Geschenke der Gnade genießen. Ich will wissen, was dich bewegt. Rede mit mir und habe Beziehungen zu anderen Menschen. Du bist wunderbar, so wie du bist. Du bist mir so wertvoll, dass ich meinen Sohn für dich opfere. Du bist meine Tochter.« Wie anders das doch klingt, oder? Wenn ich mich für Gedanken in Dauerschleife entscheiden müsste, dann wären es sicher diese hier und nicht die verletzenden von vorhin. Aber wie oft ertappe ich mich dabei, den abwertenden Lügen mehr zu glauben als den liebevollen Wahrheiten Gottes? Du kennst die Antwort bestimmt aus deinem eigenen Leben, und ich weiß auch warum! Wir Menschen sind Gewohnheitstiere. Was wir kennen, das lieben wir. Gedanken, die wir schon oft gedacht haben, sind einfacher zu denken als ganz neue – so ist unser Gehirn nun mal gestrickt. Aber ich kenne jemanden, dem es jedes Mal das Herz zerreißt, wenn er mitbekommt, dass du die altbekannten Lügen glaubst, dass du dir dein eigenes Gefängnis baust, obwohl er deine Freiheit teuer erkauft hat – Jesus. Er möchte, dass du lebst! Er möchte, dass es dir gut geht! Er möchte, dass du dein ganzes gottgegebenes Potenzial ausschöpfst. Er möchte, dass du Lügen gegen Wahrheiten tauschst – und zwar bei ihm am Kreuz! Jesus starb, stand wieder auf und hat den Tod und dessen Mächte besiegt. Dazu gehören auch diese negativen Glaubenssätze, die man dir eingeredet hat. Du kannst sie immer wieder zu ihm bringen und gegen die Wahrheiten eintauschen, die Gott für dich bereithält. Je öfter du das machst, desto leichter wird es, Gottes Wahrheiten über dich zu glauben. Fang doch jetzt damit an!

Du denkst	Gott sagt
Ich bin hässlich.	Ich habe dich wunderbar geschaffen. (Psalm 139,14-16)
Keiner mag mich, ich bin allein.	Ich liebe dich und bin bei dir. (Römer 8,38-39; Johannes 15,15)
Ich bin zu unfähig.	Alles ist möglich durch den Glauben an Jesus. (Markus 9,23; Philipper 4,13)
Ich bin zu jung.	Du bist nicht zu jung für das, wozu Gott dich beruft. (Jeremia 1,7)
Ich kann das nicht.	Mit mir kannst du alles. (2. Mose 4,10-14; Psalm 18,30)
Ich habe Angst.	Fürchte dich nicht. (Psalm 118,6; Josua 1,9; 2. Timotheus 1,7; Johannes 16,33)
Ich bin nicht wichtig.	Du bist wie eine Königin und mir so wichtig, dass ich meinen Sohn für dich gebe. (Psalm 8,1; Johannes 3,16)

Wie wir Wahrheiten leben

Die kleine Übersicht zeigt dir, wie Gott über dich denkt – durchweg positiv, weil Jesus alle Lügen und Sünden besiegt hat. Du kannst deine negativen Glaubenssätze erkennen und sie mit Gottes Wahrheiten aus deinem Leben verbannen.

Als Nächstes wird es Zeit, auch in der Wahrheit zu leben! Am Ende dieses Kapitels findest du Platz für deinen ganz persönlichen Tausch. Jeder negative Satz über dich kann nämlich in einen positiven umgewandelt werden. Wichtig dabei ist, dass du ihn auch tatsächlich positiv formulierst. Das heißt aus »Ich habe Angst, nicht genug zu sein« wird »Ich erkenne, dass ich genug bin«. Würdest du einfach nur eine Verneinung einfügen, würde sich dein Bewusstsein trotzdem noch um die Angst drehen. Denn auch wenn ich dir auftrage, *nicht* an eine grüne Katze mit lila Bommelmütze zu denken, hast du genau die vor deinem geistigen Auge. Ein zweiter Tipp für den Tausch von Lüge gegen Wahrheit ist, dass du die handelnde Person bist. Anstelle von »Niemand mag mich« zählt »Alle mögen mich« nicht, das liegt nämlich nicht in deinem Einflussbereich. Sicher ist, dass du in Gottes Augen geliebt bist und bestimmt gibt es in deinem Leben mindestens eine Person, die dich wirklich gern hat. Fokussiere dich also darauf und vertiefe deine Beziehung(en), denn das kannst du tatsächlich beeinflussen. Lass dir Zeit, wenn du deine negativen Glaubenssätze umformst. Frage Gott, was er dazu denkt, oder lies in der Bibel nach. Du kannst auch Freunde nach deinen Stärken fragen und diese dann deinen vermeintlichen Schwächen gegenüberstellen. Blättere noch mal ein paar Seiten zurück und schaue dir an, welche stillen Stärken zu deinen gehören. Nachdem du die Tabelle ausgefüllt hast, kannst du sie zu deinem Homescreen auf dem Smartphone machen oder dir die Wahrheiten dorthin schreiben, wo du sie oft siehst. Auch wenn sich dein Gehirn an die Lügen gewöhnt haben mag, kannst du sie so durch die Wahrheiten ersetzen. Niemand hat das Recht, dich als wunderbare Tochter Gottes kleinzureden! Keine Lüge ist mächtiger als die Wahrheit, die Gott für dich bereithält! Die Träume und Ziele, die er dir in dein Herz gelegt hat, sind es wert, gelebt zu werden! Die Wahrheit deines Lebens ist: »Ich bin still, aber viel mehr noch bin ich von Gott geliebt!«

Hier ist Platz für deinen ganz persönlichen Tausch. In die linke Spalte kannst du deine negativen Glaubenssätze eintragen. Auf der rechten Seite korrigierst du sie nach den Wahrheiten Gottes.

Lüge, die ich nicht mehr glauben werde	Wahrheit, die Gott über mich sagt

SIEBTES KAPITEL

SICH SELBST MIT GOTTES AUGEN SEHEN

tetelestai, es ist vollbracht
hat Jesus gesagt
vorbei die Zeit der Macht
von Lügen und Hass
gegen mich selbst.

Vergeben und vergessen
kann ich sie trotzdem nicht
zu lang hab ich mich an sie gewöhnt
mich daran gemessen,
was ich nicht schaff.

Wie könnte ich aufhören,
mir meine Missgeschicke vorzuwerfen,
auch wenn ich weiß, ich bin versöhnt,
so sind doch diese Schmerzen
alles, was ich bin.

Meine treuen Begleiter auf dieser Reise,
die mich schon weiter brachte,
als ich jemals zu träumen wagte.
Jetzt versteh ich seine Weise,
mich zu verwandeln – vom Sünder zum Kind.

Von Marie Briese

Vergeben und vergessen

Möglicherweise hast du gerade deine alten Lebenslügen am Kreuz gegen Gottes Wahrheiten über dich getauscht. Vielleicht zum ersten Mal, vielleicht zum zehnten Mal. Denn auch wenn Jesus ein für alle Mal für dich und mich am Kreuz gestorben und wieder auferstanden ist, heißt das leider noch nicht, dass wir komplett frei von Lügen, Schmerz und Tod sind. Das ist eine verwirrende Vorstellung, oder? Aber ich habe dich nicht angelogen, keine Angst. Ein Lehrer von mir hat es einmal so formuliert:

Sünde, Tod und Teufel laufen nur noch auf Akku. Als Jesus auferstand, hat er ihnen den Stecker gezogen. Der »Reststrom«, den sie jetzt noch haben, macht unser Leben manchmal schwer, aber wir wissen, dass Jesus schon über sie gesiegt hat. In der Ewigkeit werden Sünde, Tod und Teufel keine Energie, keine Macht mehr über uns haben.[49]

Warum ich dir das erzähle, ist ganz einfach: Das Vergeben und Vergessen fällt uns oft schwer und auch die Selbstlügen können uns erneut ausbremsen. Das bedeutet aber nicht, dass Jesus weniger Macht hat! Er ist derjenige, der mein Leben komplett verändert hat, auch wenn es sich in einigen Momenten nicht danach anfühlt. Wenn mich meine Selbstlügen und die vergessen geglaubten Erinnerungen an Situationen, die ich mir anders gewünscht hätte, wieder einholen. Wenn das Vergleichen mit anderen mich dazu bringt, meine Stärken kleinzureden. In solchen Momenten ist es wichtig, dass ich bei allem Durcheinander in meinen Gedanken und Gefühlen eines nicht vergesse: Mir ist vergeben. Jesus hat alle Fehler besiegt, weggewaschen, zugedeckt oder welche Bezeichnung es für dich am besten ausdrückt – egal, denn eins dürfen wir wissen:

Uns wurde vergeben. Wir dürfen das Schlechte, das wir erlebt und auch anderen zugefügt haben, nun vergessen. Wir dürfen uns ehrlich ansehen und brauchen uns nicht zu schämen. Wir dürfen die sein, die wir sind. Wir dürfen die Vergangenheit hinter uns lassen, unsere Gegenwart akzeptieren und mit einem klaren Blick in die Zukunft starten. Bist du bereit?

Während des Schreibprozesses an diesem Buch habe ich meine Instagram-Community gefragt, was ihnen in den Sinn kommt, wenn sie die Worte »vergeben und vergessen« hören. Eine Followerin schrieb diese weisen Worte: »Es ist leichter gesagt als getan, aber es zu versuchen, kann dich nur weiterbringen!« Eine andere meinte, sie könne vergeben, aber nicht vergessen. Trotzdem könne Gott ihr Gefühl in Bezug auf die Verletzung verändern. Auf Knopfdruck funktioniere das beides nicht. Es sei ein Prozess, fügte wieder eine andere Frau hinzu. Eine Freundin von mir wies darauf hin, dass vergeben und vergessen für sie eng miteinander verbunden seien, da man sonst alte Wunden immer wieder neu aufreiße – ohne Vergessen, kein Vergeben also. Vielleicht kannst du dich auch eher in dieser Aussage von einer weiteren Followerin wiederfinden: »Ich finde, Sachen komplett ungeschehen zu machen, nicht gut. Man kann drüber hinwegsehen, aber es nicht ändern. Es ist zwar nicht schön, aber ich bin im Einklang damit.«

Außerdem habe ich abstimmen lassen, ob es ihnen leichtfällt, sich selbst zu vergeben. Du kannst dir bestimmt schon denken, wie das Ergebnis aussah. Auch ich halte mir meine kleinen Missgeschicke und großen Miseren noch vor Augen – vor allem in Zeiten, in denen es mir sowieso schon schlecht geht. Du erinnerst dich, dann sind wir für das Schamgefühl besonders anfällig. An so manchen Schmerz in meinem Leben habe ich mich sogar gewöhnt, wie die letzte Followerin, die ich eben zitiert habe. In schwachen Momenten quäle ich mich regelrecht selbst mit Vorwürfen an mich. »Warum habe ich mich nur so entschieden?«–»Hätte ich doch besser aufgepasst!«–»Wäre ich doch heute besser einfach mal im Bett geblieben, dann wäre mir das nicht passiert...«

Ein solches Denken ist zutiefst menschlich. Das weiß auch Gott, der uns Menschen so gut kennt. Im Buch der Sprüche steht, dass wir alte Verletzungen von anderen oder uns selbst nicht so einfach vergessen. Es heißt dort sogar, dass eine Verletzung trennt »wie ein Tor mit eisernen Riegeln« (Sprüche 18,19).

Fehlende Vergebung zerstört Beziehungen – die zu anderen Menschen oder zu uns selbst. Ersteres hat jede von uns schon einmal erlebt, aber war dir auch klar, dass sich deine Sichtweise auf dich selbst verändert, wenn du dir deine Fehler aus der Vergangenheit immer wieder vorwirfst? Du siehst dich nicht länger als wunderbar geschaffen und von Gott mit stillen Stärken ausgestattet. Du erzählst dir die alten Lügen neu, von denen du dachtest, du hättest sie längst eingetauscht. Als wäre das nicht schon schlimm genug, blockieren Gefühle wie Scham, Bitterkeit und Hass gegen dich oder gegenüber den Menschen, die dich verletzt haben, deine Beziehung zu Gott. In 1. Johannes 4,20 heißt es »denn wer die Menschen nicht liebt, die er doch sieht, wie kann er da Gott lieben, den er nie gesehen hat?«. Puh, das ist heftig! Wenn wir so mit negativen Gefühlen beschäftigt sind, ist unser Blick für den Gott der Liebe versperrt. Das klingt nach einem ziemlich zerstörerischen Teufelskreis, wenn du mich fragst. Der Einzige, der uns aus (Selbst-)Vorwürfen befreien kann, rückt durch genau diese in unerreichbare Ferne. Doch Gott sei Dank endet die Geschichte nicht an dieser Stelle! Schon zur Zeit des Alten Testaments, als Jesus noch nicht geboren, gestorben und auferstanden war, erkannten die Menschen, die an Gott glaubten, folgende Wahrheit:

Wo ist ein Gott wie du, der die Sünden vergibt und die Missetaten seines Volkes verzeiht? Der nicht für immer an seinem Zorn festhält, sondern der sich freut, wenn er barmherzig sein kann? Er wird sich wieder über uns erbarmen, alle unsere Sünden zertreten und alle unsere Verfehlungen ins tiefe Meer werfen!

Micha 7,18-19

Unser Gott ist ein gnädiger Gott! Die Geschichte endet nicht damit, dass wir es verbockt haben! Gott sorgt dafür, dass unsere Sünden und Verfehlungen nicht mehr wichtig sind! Auch wenn du dich vielleicht so fühlst, als könntest du nicht mehr tiefer sinken oder dich weiter von Gott und dem Leben, das er für dich bereithält, entfernen, entspricht das nicht Gottes Wahrheit. Lies dir gleich mal die Geschichte vom verlorenen Sohn in Lukas 15,11-32 durch (du findest sie auch im Internet zum Beispiel auf www.bibleserver. com) – kleiner Spoiler, es gibt ein Happy End voller Liebe, Mitgefühl und Versöhnung!

Und? Was denkst du zu der Geschichte? Lass mich dich jetzt, nachdem du gelesen hast, was Gott über Vergebung denkt, zu einem kleinen Gedankenexperiment einladen. Stell dir alles vor, was Gott ist: allmächtig, Schöpfer der Welt, vollkommen gut … Dieser Gott, der aufgrund der vielen schlechten Dinge in der Welt allen Grund zum Zorn auf uns Menschen hätte, vergibt uns. Er vergibt mir. Er vergibt dir. An jedem Tag deines Lebens. Ich weiß, dass das nicht immer leicht ist, sich das vorzustellen, aber wir sollten es trotzdem versuchen. Wenn dieser Gott dir also vergeben kann, dann müsstest du das doch auch können, oder? Vor allem, wenn wir von Jesus lernen, dass Vergebung keine Grenzen kennt. Vergebung für deine Fehler, für die Fehler der anderen ist unendlich möglich (Matthäus 18,21-22), weil er am Kreuz gestorben ist und den Tod besiegt hat! Durch dieses kaum vorstellbare Ereignis sind wir dazu in der Lage, freundlich und mitfühlend zu sein, anstatt ewig alten Fehlern nachzuhängen (Epheser 4,32). Selbst wenn uns negative Gefühle überkommen und fast von innen aufzufressen drohen, können wir uns aktiv für das Gute, für die Vergebung und Freiheit entscheiden (1. Johannes 1,9). Vergeben und vergessen ist möglich! Das ist die Geschichte, die die Bibel erzählt! Jetzt liegt es an dir, zu entscheiden, welche Geschichte du dir erzählen möchtest. Wählst du die traurige, verbitterte Variante, die dich kleinmacht, deine Beziehungen zu anderen zerstört und dich in einen Teufelskreis schickt, aus dem du dich von Gott nicht befreien lässt? Oder fängst du ab heute an, die Geschichte von (Selbst-) Liebe und Vergebung zu erzählen, die dich in die Freiheit führt, dir das Leben schenkt, das Gott sich für dich wünscht und dich strahlen lässt?

Du bist nicht allein

Die Blickrichtung ist entscheidend. Auch ich könnte dir jetzt eine entmutigende Geschichte darüber erzählen, wie ich mit einer ganz bestimmten Entscheidung falsch lag. Es wäre eine traurige Geschichte, die ins Nichts laufen würde. Nach dem Motto: »Tja, ich lag damals halt falsch und nun muss ich mit den Konsequenzen leben.« Richtig? Nein, ganz und gar nicht! So eine Erzählung würde weder dich noch mich weiterbringen. Deshalb kommt hier der Bericht über dasselbe Ereignis, aber betrachtet mit dem barmherzigen und gnädigen Blick, von dem du eben gelesen hast.

Als ich mit meinem Abitur fertig war, schien der nächste Schritt klar: Ich wollte für drei Jahre eine Bibelschule besuchen. Als ich nun tatsächlich dort war, musste ich feststellen, dass alles, was damit zusammenhing, sich von meinen Vorstellungen ziemlich unterschied. Zu meinen Mitschülern muss ich dir ja nicht mehr viel sagen … Aber im Hinblick auf meine berufliche Zukunft wusste ich im Laufe des zweiten Jahres auch nicht mehr, warum ich überhaupt jeden Monat so viel Geld zahlte, um diese theologische Ausbildung zu machen. Immer wieder kam ich an meine Grenzen, weil die Arbeit in Kirchen oder Gemeinden sehr viel beziehungsorientierter war, als ich zuvor geglaubt hatte.

Nach einigen geglückten Referaten und einem Praktikum stand für mich aber letztlich fest: Ich höre nach dem zweiten Jahr auf und studiere Lehramt für die Grundschule. Gesagt, getan. Ich bewarb mich an der Uni in meiner Heimatstadt, machte vor Studienbeginn noch ein Praktikum und merkte: Die Kinder im Grundschulalter sind doch nicht so meine Zielgruppe. Also wechselte ich in letzter Minute zum Lehramt für Gymnasien und Gesamtschulen. Endlich war ich da, wo ich mein ganzes Leben lang sein wollte – auf dem Weg zum Lehrerberuf. Schon als Kind war meine Antwort auf die Frage, was ich denn einmal werden möchte, »Lehrerin«. Aber wollte ich das wirklich?

Nach anderthalb Jahren Studium wusste ich dann: Das Lehramt ist nichts für mich, denn auch dort muss ich meine Intro-Komfortzone ständig sehr weit verlassen. Ich mochte zwar die Theologie als Teil meines Studiums, aber auch Psychologie und viele andere Dinge. Ich hatte so vielfältige und großartige Wünsche für meine berufliche Zukunft, dass ich mich nicht auf die Schule festlegen wollte. So saß ich nun da im Januar 2020, vier Jahre nach meinem Abitur und ohne konkreten Plan, dafür aber mit einer abgebrochenen Ausbildung und einem Studium, das nur zur Hälfte Spaß machte. »Gescheitert«, könnte man sagen. Ich fühlte mich planlos. Der perfekte Moment also für die Selbstlügen und Selbstzweifel, sich wieder in mir breitzumachen. Aber das hier soll ja eine ermutigende Geschichte werden, deshalb folgt auf den »Tiefpunkt der Heldin« nun ein grandioser Aufstieg, sponsored by Gott! An dem Tag, an dem ich verängstigt realisierte, wie offen doch meine Zukunft war, sprach Gott auf verschiedene Weisen zu mir und machte mir klar, dass ich mit meiner Planlosigkeit nicht allein war und er derjenige ist, der mir den Weg ebnet, den ich gehen soll. In den Psalmen steht folgender Vers:

Führe mich den rechten Weg, Herr, damit mich meine Feinde nicht überwältigen. Zeige mir, welchen Weg ich gehen soll.
Psalm 5,9

Ich erkannte: Ich durfte mir vergeben, durfte gnädig mit mir sein, weil auch Gott mir vergeben hat. Ich versuchte, mit seinem liebevollen Blick auf mich und meine Entscheidungen zu sehen. Was mir auch noch klar wurde: Gottes Blick ist nicht nur liebevoll, sondern geprägt von Zuversicht. Ich durfte mir also vergeben, brauchte keine Angst vor meiner ungewissen Zukunft zu haben und erlebte den Frieden, diese Situation einfach annehmen zu können. Ich musste nicht länger mit mir hadern, weil ich nicht wusste, welchen Weg ich als Nächstes einschlagen sollte. Stattdessen konnte ich mich annehmen und lernte, zu warten und Gott zu vertrauen.

Keine drei Wochen später erhielt ich schon die Anfrage für dieses Buch. Das gab mir neue Energie und bestätigte mich auch in den Entscheidungen, die ich bisher getroffen hatte. Denn jede einzelne trug dazu bei, dass ich nun hier sitzen und schreiben kann. Und noch vieles mehr: Es machte mir Mut, das Studium nicht zu schnell aufzugeben, was sich ebenfalls mehr als gelohnt hat! So konnte ich einen anderen Job an der Uni bekommen und damit ein neues Berufsziel: Wissenschaftlerin. Gott ist unglaublich! Mich planlose, aber hoffnungsvolle Studentin macht er zur Buchautorin, den verstoßenen Josef zum Retter vieler Menschen, den stotternden Mörder Mose zum Anführer eines ganzen Volkes. Und dich? Dir kann Gott auch eine neue Perspektive schenken, wenn du gerade so gar keine siehst! Er ist gnädig, sei du auch gnädig mit dir selbst. Vielleicht hast du den Eindruck, ein »gescheiterter Mensch« zu sein, weil du Fehler gemacht oder falsche Wege eingeschlagen hast. Mit solchen Gefühlen bist du nicht allein und gehörst zu Gottes Spezialgebiet! Deine Fehler, die Verletzungen, die andere dir zugefügt haben, falsche Entscheidungen oder Selbstzweifel wegen deiner stillen Art können Gott nicht aufhalten, Geschichte mit dir zu schreiben! Und glaube mir, die wird gut!

Rückendeckung auf deinem Weg

Deine Entscheidungen, die du in der Vergangenheit getroffen hast oder die über dich getroffen wurden; die Menschen, denen du begegnet bist, die du mochtest, diejenigen, die dich verletzt haben, und auch solche, die du bereits gehen lassen musstest; alle Worte, die deinen Mund oder Chat verlassen haben und diejenigen, die du in dir aufgenommen hast – alle trugen dazu bei, dass du die Person bist, die das gerade liest. Dich mit ihnen zu versöhnen, bringt dich auf deinem Lebensweg ein großes Stück weiter. Und der nächste Schritt? Du betrachtest dich im Hier und Jetzt. Schonungslos ehrlich und so, wie du bist: wunderbar geschaffen, mit Ecken und Kanten, geliebt und vergeben.

Klare Sicht durch Selbstakzeptanz

Von meinen Schwierigkeiten an der Bibelschule habe ich dir bereits ausführlich erzählt. Von den Wundern auch. Nachdem ich immer mehr begriffen hatte, dass ich nicht schüchtern, krank, bemitleidenswert oder vollkommen ausgeliefert war, traf ich kurz vor Beginn des zweiten Ausbildungsjahres eine wichtige Entscheidung: Ich wollte endlich meine Klassenkameraden kennenlernen und ihnen die Chance geben, auch mehr von mir zu erfahren! Ein ganzes Jahr der stillen Beobachtung war genug, und so meldete ich mich freiwillig dafür, die »Erstiparty« für die Stufe unter uns zu organisieren. Zu meinem Entsetzen hatten dieselbe Idee noch genau diejenigen aus meiner Klasse, mit denen ich bisher kaum oder sogar schlechte Erfahrungen gemacht hatte. Wenn sie schon eine Herausforderung will, dann bekommt sie auch eine, die sich gewaschen hat, dachte sich Gott wohl. Aber: Der Schritt hat sich gelohnt. Die Party wurde ein großer Erfolg und ich schloss neue, zarte Freundschaften.

Diese Aktion war mein zweiter Schritt in den Schuhen einer »glücklichen Introvertierten«, die ich so gern werden wollte. Den ersten Schritt hatte ich bereits getan, als ich mich vor meiner gesamten Klasse als Intro vorstellte und mindestens ein Drittel der Menschheit verteidigte – du erinnerst dich. Bereits vor dem ersten Schritt war mir eine Sache klar geworden: Zurückhaltende Menschen, wie alle anderen auch, haben Stärken und Schwächen – und das ist ganz normal. Bei uns Stillen ist alles einfach nur ein klein wenig anders gelagert. Diese Erkenntnis war eigentlich ganz unspektakulär, doch für mich war sie ein Augenöffner! Deshalb will ich versuchen, auch deinen Blick auf dich selbst neu auszurichten. Das kannst du dir ein bisschen so wie beim Optiker vorstellen: Zusammen probiert man Gläser in verschiedenen Stärken aus, erst ist alles ganz unscharf, dann scheint alles super weit weg aber etwas deutlicher zu sein, und mit der richtigen Linse sieht man plötzlich klar! Man sieht die Symbole, die Zahlen und Buchstaben, aber vielleicht auch den Staub am Boden des Raumes. Man sieht das Gute und auch das Schwierige.

Was für schlechte Augen die Brille ist, kann für deine Persönlichkeit die Selbstakzeptanz sein! Sie lässt dich klarsehen, und zwar das, worin du glänzt, aber auch deine Schwächen. Selbstakzeptanz, dieser Zungenbrecher, ist also nicht gleichzusetzen mit der berühmten Selbstliebe. Sie ist der Blick auf dich selbst, mit dem du alles an dir akzeptierst. Du musst deine Schwächen nicht lieben, aber annehmen, dass sie da sind. In einer Welt, in der man, um mitzuhalten, ständig besser, schöner und perfekter werden muss, ist das gar nicht so leicht. Ich selbst kenne den Drang, meine Unzulänglichkeiten vor anderen zu verstecken und mich immer mehr zu verbessern. Meine Schwächen einfach nur anzusehen, kam mir da lange Zeit wie Stillstand vor. Ich wollte so »laut« werden wie alle anderen. Gern auf Partys gehen – und überhaupt zu welchen eingeladen werden. Ich wollte ganz selbstverständlich zu den Coolen gehören oder mich nicht schon schlecht fühlen, wenn ich nur an ihnen vorbeilief. Ich wollte genauso viel Spaß auf Jugendfreizeiten und bei Gruppenspielen haben wie andere. Ich wollte mich verändern. Doch das bedeutete, dass ich gegen meine Natur hätte ankämpfen müssen. Die Selbstakzeptanz ist der beste Ausgangspunkt für jede Veränderung, denn mit dem Wissen über deine Stärken und Schwächen eröffnen sich dir ganz neue Möglichkeiten, dich weiterzuentwickeln. Das tust du dann nicht, weil du dich so schrecklich findest, sondern weil du deine Stärken weiter ausbauen willst – und so wächst du am Ende in deiner Persönlichkeit.

Schritt eins zur Selbstakzeptanz ist also der ehrliche Blick auf dich selbst. Deine Stärken hast du im vierten Kapitel schon kennengelernt. Deine Schwächen fallen dir bestimmt schnell ein, wenn du so ähnlich tickst wie ich. Aus ihnen können Wachstumsbereiche werden, Möglichkeiten für konkrete Ziele und Gebete. Ich meine damit nicht, dass du all deine Schwächen in Stärken verwandeln musst! Selbstoptimierung widerspricht der Selbstakzeptanz. Aber vielleicht gibt es einzelne Punkte, in denen du dich gern weiterentwickeln möchtest, in kleinen Schritten. Vor Gott musst du dich nicht verstellen, er kennt dich und schaut dich schon dein ganzes Leben lang liebevoll durch seine »Brille« an. Er liebt die Wahrheit und wenn Menschen sie erkennen! Nicht umsonst ist der »Gürtel der Wahrheit« Teil der geistlichen Waffenrüstung, die Paulus in Epheser beschreibt:

Sorgt dafür, dass ihr fest steht, indem ihr euch mit dem Gürtel der Wahrheit und dem Panzer der Gerechtigkeit Gottes umgebt.

Epheser 6,14

Die Wahrheit über dich zu kennen, schützt dich vor schlechter Kritik von innen oder außen. Deine Schwächen können dich nicht mehr überraschen. Unfaire Vorwürfe treffen dich nicht mehr so hart, weil du dich kennst. Überlass nicht anderen Menschen die Bewertung von dir! Lerne dich mutig und aufrichtig kennen. Verschließe dich nicht aus Angst, auf eine Schwäche zu treffen, auch deinen Stärken. All das hat Gott in dich hineingelegt und es hat sicher nichts mit Stolz oder Überheblichkeit zu tun, wenn du dich kennenlernst. Deine Fähigkeiten zu entdecken, in deinen Schwächen zu wachsen und mehr in deiner Berufung zu leben ist keine Sünde, sondern die pure Wahrheit!

ÜBUNGEN, DIE DIR DABEI HELFEN KÖNNEN, DICH SELBST ANZUNEHMEN

- **Medaille:** Wie das Stück Edelmetall, hat alles zwei Seiten. Für dich heißt das: In jeder deiner Schwächen steckt eine Stärke. Stelle die beiden gegenüber (Beispiel:»nicht viel sagen« gegenüber»gut zuhören können«).
- **Liste:** Nimm dir einen Zettel und schreibe alles auf, was dich an dir stört. Fehler, Sünden, Schwächen, die dich belasten… alles ist erlaubt. Sobald du fertig bist, schreibst du mit einem anderen dicken Stift»vergeben« über das ganze Blatt, denn dir ist vergeben. Im Neuen Testament steht bei jeder Erwähnung von Sünde auch immer die Vergebung ganz in der Nähe!
- **Biografie:** Setze dich mit Schreibsachen für ein bis zwei Stunden an einen ruhigen Ort. Erinnere dich: Wie bist du zu der Person geworden, die du heute bist? Schreibe eine Biografie über dich. Gab es wichtige Ereignisse? Einflüsse durch andere Personen? Wie hat Gott in deinem Leben gewirkt? Erkennst du Stärken/ Schwächen, die sich durchziehen? Wofür bist du dankbar und was hast du besonders gut gemacht?

Respektlos oder: Respekt – und jetzt los!

Und? Wurde in dir beim Lesen dieses Buches schon das Feuer entfacht, mit deinen stillen Stärken raus in die Welt zu gehen? Vielleicht ein Fünkchen? Oder knistert und knackt es schon richtig? Was mich betrifft: In mir lodert dieses Feuer schon etwas länger, letztlich seitdem ich mich aus meiner kleinen»Intro-Krise« mit

Panikattacken und allem, was dazugehört, rausgekämpft habe. Mit dem Wissen über meine Stärken und meine Grenzen sowie jeder Menge positiver Glaubenssätze bin ich heute on fire! Allerdings habe ich manchmal das Gefühl, dass die Welt um mich herum noch nicht bereit ist. In meiner Familie, meiner Kirche oder bei anderen Projekten wurde ich schon oft unterschätzt. Leider so stark, dass ich die stille Stärke des »Überraschungseffekts« gar nicht einsetzten konnte. »Einmal still, immer still« schien wohl auf meiner Stirn zu stehen, und ich hatte wirklich große Mühe, mir Respekt zu verschaffen.

Stille Wasser sind tief. Oder attraktiv?

Es hat etwas Anmaßendes. So als ob derjenige, der es ausspricht, einem diese Tiefe eigentlich nicht zugetraut hätte. Das macht mich im ersten Moment wütend und traurig zugleich. Über den, der es ausspricht, und im nächsten Moment macht es mich wütend auf mich selbst, weil ich schon wieder darin versagt habe, anderen mehr von mir zu zeigen.

Dabei habe ich genau das kurz vorher getan – sonst hätte wohl kaum jemand dieses Sprichwort benutzt. Aber ich fühle mich in diesem Moment sofort abgestempelt als »die Schüchterne«, »die Introvertierte«, eben als »die Stille«.

Es bleibt nur der erste Teil des Sprichworts hängen. STILLE. Das, was mir schon oft zum Verhängnis wurde. Das, was mich schon viele Chancen gekostet hat. Das, was für mich so negativ besetzt ist. Dabei ergibt das

Sprichwort erst Sinn, wenn man es komplett betrachtet. Meine Persönlichkeit ist TIEF. In mir stecken viele Gaben, Talente und Fähigkeiten. Erfahrungen und Geschichten, die ich mit anderen teile, wenn ich es für richtig halte. Weil ich nicht nur still und tief, sondern auch selbstbewusst und selbstbestimmt bin – meistens jedenfalls, und am Rest arbeite ich noch.

Instagram-Posting vom 11. 12. 2017[50]

Damit es dir nicht so ergeht wie mir damals, als ich diesen Post geschrieben habe, gilt es, drei Fragen zu klären. Sie sind die Basis für ein »Respekt – und jetzt los!«-Leben und können dir dabei helfen, dich und deine Stärken mutig zu zeigen, sodass dein Strahlen bald auch gesehen wird – zuerst von dir und dann nach und nach von Menschen in deinem Umfeld. Du lernst mit den folgenden Fragen dich selbst, deinen Wert und deine Ziele noch besser kennen. Das hilft dir dabei, vor andere zu treten und für deine Sache einzustehen. Ich wünsche mir, dass du und andere deine gottgegebene Würde sehen und du respektvoll behandelt wirst. Aber auch das fängt bei dir und deinem Blick auf dich an.

- **Frage des Wertes:** Zuerst sollten wir die Frage des Wertes klären – deines Wertes um genau zu sein. Aus meinem eigenen Leben kenne ich sie nur zu gut: Bin ich nur geliebt, wenn andere mich sehen? Die Antwort lautet: Nein, du bist immer geliebt. In jeder Sekunde deines Lebens. Andere Menschen mögen uns zwar beliebter erscheinen, doch das ändert nichts an unserer Identität in Christus. Gott hat dich wunderbar erschaffen und durch Jesus mit sich versöhnt, sodass dir seine Liebe für immer sicher sein wird. Wenn dir das bewusst ist, fällt es dir leichter, mit deinen Gaben und Ideen vor andere zu treten oder auch mit Rückschlägen fertig zu werden. Letztlich sind wir damit wieder bei dem Blickwinkel, auf den es ankommt. Wenn du durch Gottes Brille schaust, dann siehst du deinen Wert glasklar.

- **Frage der Bedeutung:** Mit dieser Wert-Grundlage kannst du dir die Frage der Bedeutung stellen. Wozu willst du sichtbar sein? Träumst du davon, die Wahl zur Klassensprecherin zu gewinnen, damit du deine Beliebtheit schwarz auf weiß bestätigt hast? Möchtest du die nächste Aktion in deiner Kirche leiten, damit du auch einmal Lob und Anerkennung bekommst und nicht immer nur die anderen? Neid und Selbstdarstellung sind die falschen Motive, um sichtbarer zu werden. Eine Berufung, die Gott ehrt und anderen Menschen dient, ist ein toller Ausgangspunkt für deinen Weg! Auf diesem kann dich im Übrigen auch nur wenig stoppen, wenn du dir deine Ziele klargemacht hast. Genauso wichtig, wie den eigenen Wert und die Motivation zu kennen, ist es, sich mit unterstützenden Menschen zu umgeben.

- Mein Mann zitiert gern einen deutschen Comedian, der sagt »richtiger Humor, falsches Publikum«[51]. Was diesem Comedian über schlechte Witze hinweghilft, enthält eine Menge Weisheit. Umgib dich mit Menschen, die dich fördern und dich wertschätzen. Ein Freundeskreis, der dich nur zu sich zählt, weil du immer gutes Essen zu den Treffen mitbringst oder für alle in letzter Minute die perfekte Geschenkidee zum Geburtstag hast, sich aber sonst nicht bei dir meldet, ist vielleicht nicht der richtige für dich. Für den Fall, dass du von einigen Menschen für deine Träume und Ziele belächelt wirst, denk daran, es gibt sehr viele andere, die sie mit dir teilen und dich auf deinem Weg dahin anspornen können.

- **Frage der Zeit:** Last but not least stellt sich die Frage der Zeit. Als ich fünfzehn Jahre alt war, hätte ich am liebsten den Job meiner Jugendleiter übernommen, gepredigt, und, und, und ... Ich hatte die Frage des Wertes und der Bedeutung für mich geklärt. Jetzt wollte ich selbst Großes für Gott und sein Reich tun. Doch irgendwie schien es mir, als bekäme ich bei meinen Versuchen, dies zu tun, nicht den Respekt und konnte auch gar nicht so loslegen, wie ich mir das gewünscht hatte. Stattdessen gab Gott mir die Möglichkeit, meine Gaben in unserem Schüler-Bibel-Kreis (aus-) zuüben. Wir alle brauchen Zeit, um zu reifen und uns immer mehr aus Gottes Augen zu betrachten. Auf Gottes Timing zu vertrauen, ist ganz schön anstrengend und manchmal auch angsteinflößend, aber vor allem befreiend. Gott hatte meinen Weg vorbereitet, während ich reifen durfte – und das macht er bis heute so. Ich bin mir sicher, dass es bei dir ebenso sein wird. Also: *Trust god's timing!*

Die Kraft des Neuanfangs

Nun hast du schon ziemlich viel gelesen und vielleicht stehst du bereits in den Startlöchern: Eine ganze Welt in deinem Kopf, bedeutende Worte im Mund, mit dem »Gürtel der Wahrheit« um deine Hüfte, umgeben von Mose, Rebekka, Josef und Abigajil, die dich anfeuern, über dir Gott, der dich in einem sanften Wind begleitet, und es geht ein »stilles Strahlen« von dir aus. So stehst du da, bereit für dein Leben, willst losgehen – und hast plötzlich das Gefühl, als sei dein bisheriges Leben umsonst gewesen! Voller falscher Entscheidungen, verschwendeter Momente, verpasster Chancen ...

Glaube mir, ich weiß, wie du dich fühlst. In den zwei Jahren meiner theologischen Ausbildung und auch in der Zeit danach während meines Studiums habe ich zwar viel Wissen angesammelt, habe Theorien gelernt und die Praxis geübt – alles für meine Traumjobs –, doch meine wichtigste Erkenntnis in dieser Zeit war:

Diese Jobs passen nicht zu meiner ganz speziellen Persönlichkeit. Weder Gemeindereferentin noch Lehrerin – so, wie ich es als Kind in zahlreiche Freundebücher geschrieben hatte, waren für mich die richtigen Berufe.

Als ich das zum ersten Mal feststellte, als ich realisierte, dass ich den Traum von jemand anderem lebte, war das ein Schock für mich. Ich dachte, ich hätte Jahre verschwendet, alles wäre umsonst gewesen und ich so richtig gescheitert. Vielleicht geht es dir gerade ähnlich. Jetzt, wo du in deiner vollen introvertierten Pracht dastehst, merkst du, dass du dich dein Leben lang verbogen hast. Es sind die Freunde, Hobbys oder deine Aufgaben in der Gemeinde, die dich mehr stressen, als sie dir Freude bringen. Oder dir geht es wie mir: Du merkst, dass du beruflich eine Richtung eingeschlagen hast, die du noch mal überdenken willst. Falls das so ist, brauchst du nicht zu verzweifeln! Denn ich habe gelernt, dass nichts umsonst war. Du startest nicht bei null. Du hast Erfahrungen gesammelt, dich kennengelernt und einen Gott an deiner Seite, der es zum Guten wenden wird (1. Mose 50,20), der dich mit einem liebenden Blick betrachtet und wunderbare Pläne für dich hat. Und da stehst du nun, bereit für dein stilles und strahlendes Leben!

ACHTES KAPITEL

ÜBE-R-MUT – DU KANNST MEHR, ALS DU DENKST

In meiner Lieblingszeitschrift, die zugegeben die einzige ist, die ich noch lese, beschrieb ein Autor die Komfortzone als das »Gefängnis im Kopf«[52]. Erinnerst du dich? Ich bin im dritten Kapitel schon einmal auf sie eingegangen: Sie ist sozusagen das Zuhause deiner Persönlichkeit. Aktivitäten, die in deiner Komfortzone liegen, fallen dir leicht. Alles, was darüber hinausgeht, lässt dich in Schweiß ausbrechen und sorgt dafür, dass du dich am liebsten ganz tief unter deiner Bettdecke verkriechen möchtest. Vielleicht könnte ja auch einfach in der nächsten Stunde Jesus wiederkommen, damit dir diese eine schreckliche Sache erspart bleibt.

Mir geht es so, wenn ich weiß, dass ich bald auf unbekannte Menschen treffen, an einen mir fremden Ort gehen oder ich mich in eine neue Situation begeben soll – dabei könnten die doch alle eine großartige Bereicherung für mein Leben sein. Doch aus Angst, dass etwas Peinliches passieren könnte, bleibe ich lieber zu Hause auf dem Sofa. Ich schließe mich selbst ein in meinem eigenen Gefängnis mit Wänden aus »Was wäre, wenn?« und Gitterfenstern aus »Weißt du noch, damals?«. Ich schließe mich aus von dem wilden und segensreichen Leben, das Gott sich für mich wünscht. Denn negative Erlebnisse aus meiner Vergangenheit und Angst vor Unwahrscheinlichkeiten hindern mich auch heute immer wieder mal daran, mich auf Neues einzulassen. Ich könnte es tun, ich würde es überleben und unter Umständen sogar gut finden. Aber meine Gedanken sperren mich ein.

Der Weg aus der Komfortzone

Im Winter 2020 habe ich allerdings eine Ausnahme gemacht. Ich bewarb mich auf eine der wenigen Möglichkeiten, an einer Veranstaltung für christliche Influencer in Berlin teilzunehmen, und wurde tatsächlich eingeladen. Zuerst waren meine Freude und mein Erstaunen riesengroß, doch als sie sich legten, wurde mir klar, was diese Einladung eigentlich für mich bedeutete: mehrere Stunden Zugfahrt (und ich hasse öffentliche Verkehrsmittel), allein zurechtfinden in einer Großstadt (ich kann mit Karte und Kompass umgehen, aber keine U-Bahn-Fahrpläne lesen) und eine Nacht mit zwei noch Unbekannten im selben Hotelzimmer schlafen (dazu muss ich nichts sagen, oder?). Ich war also kurz davor, alles wieder abzusagen, mich gefangen halten zu lassen von meiner Angst. Doch ich wollte da hin. Ich wollte nach Berlin. Noch nie in meinem Leben haben meine Angst und mein Wille so miteinander gekämpft.

Kennst du Jabez? Dieser Mann aus der Bibel führte ein Leben unter ungünstigen Voraussetzungen, aber ihn zeichnete sein starkes Vertrauen in Gott aus. In einem langen Namensregister im ersten Buch der Chronik wird er plötzlich vorgestellt als der angesehenste unter seinen Brüdern (1. Chronik 4,9). Jedoch könnte seine Ausgangssituation besser sein: Sein Name erinnert an das hebräische Wort für »Schmerzen«. Von seiner Mutter mit diesem Label versehen und vermutlich mit vielen Erwartungen konfrontiert, versucht er, das Beste aus seinem Leben zu machen. Unter

Druck und abgestempelt, aber nicht hoffnungslos betet er:»Segne mich doch und erweitere mein Gebiet!« (1. Chronik 4,10b). Aus seiner genauen Formulierung geht hervor, dass er Gott vertraute und wusste, dass er für ihn sorgen und ihn vor Leid bewahren würde. Dieses unscheinbare Gebet hat bereits viele Leben verändert und ich bin mir sicher, dass es besonders uns Stillen die Welt auf eine neue Art öffnen wird.[53] Wenn wir uns trotz unserer Ängste ihm anvertrauen, wird Gott auch unsere Grenzen erweitern. Denn auf der anderen Seite der Angst wartet schon reicher Segen.

Alltagsherausforderungen überleben: dein Zuhause to go

Etwas, das mich viel Zeit kostete, um es zu verstehen, war Folgendes: Befand ich mich an Orten ohne Rückzugsort für mich, war ich häufig sehr angestrengt und empfand fast schon ein peitschendes Gefühl. Die Pausen kamen mir während meiner Schulzeit anstrengender vor als der Unterricht, denn im Klassenzimmer hatte ich wenigstens einen festen Platz und die meiste Zeit auch meine Ruhe. Die Pausen allerdings war ich umgeben von wild herumrennenden Kindern, oberflächlichen Lästereien und der Gefahr, selbst zum Gegenstand dieser zu werden. Bepackt mit meiner Jacke, meinem Ranzen und der Sporttasche schien es in diesen fünfzehn Minuten keinen Ort für mich zu geben, an dem ich einfach sein konnte und sonst einfach mal nichts um mich herum war. Aber Gott wäre nicht Gott, wenn er sich nicht auch dafür eine Lösung ausgedacht hätte. Als ich in der neunten Klasse war, entdeckte ich eine kleine Gruppe von meinen Mitschülern in einem ebenso kleinen Raum, die sich »Schüler-Bibel-Kreis« nannten. Es war großartig. Seit diesem Tag im Frühjahr 2013 verbrachte ich jeden Tag meine Pause mit diesen Menschen, und es fühlte sich für mich an wie der Himmel auf Erden. Nicht nur weil wir zusammen in der Bibel lasen, beteten, sangen und uns tiefgründig austauschten, sondern viel einfacher: weil ich meinen Rückzugsort gefunden hatte.

Seitdem suche ich mir, egal, wo ich bin, einen solchen Platz. Einen Raum, in dem ich sein kann. Dazu gehörten schon eine versteckte Sitzecke in der Cafeteria meiner Bibelschule, mein Auto auf dem Parkplatz der Uni, eine Wiese, ein breiter Durchgang zwischen zwei Gebäuden und noch einiges mehr. Wie du siehst, lassen sich überall solche kleinen Ruhezonen finden. Ich bin mir sicher, in deinem Umfeld gibt es auch welche. Ein Schal, in den du dich kuscheln kannst, oder deine eigene Tasse am Schreibtisch können dir auch dabei helfen, dir einen Rückzugsort einzurichten. Einen ganz besonderen Raum, um zur Ruhe zu kommen, hast du jedoch immer bei dir, nämlich Gott selbst. Er war es, der mir meinen Rückzugsort in der Schule schenkte, und er war es auch, der mir eine große Wahrheit eröffnete: Er ist immer da.

Kennst du das Gefühl, wenn du allein irgendwo neu bist? Du weißt nicht, was dich erwartet, wie du dich verhalten sollst und ob du die ganze Sache überhaupt heil überstehst. Jetzt stell dir im Vergleich dazu einmal vor, wie es ist, gemeinsam zu einer unbekannten Veranstaltung zu gehen. Du weißt, du bist nicht allein. Da ist jemand, auf den du dich verlassen kannst. Wenn, dann blamiert ihr euch zusammen und habt später einfach eine witzige Geschichte, über die ihr noch oft zusammen lachen könnt. Deine Begleitung ist so etwas wie ein Zuhause to go, eine Sicherheit zum Mitnehmen. In 2. Samuel 22,2-3 steht, dass Gott genau das für uns sein kann: ein Zufluchtsort und Schutz. Auf dem Weg von einem Klassenraum zum nächsten betete ich also und machte mir bewusst, dass ich meinen Ort, um zur Ruhe zu kommen, immer bei mir hatte. Vor Klausuren stellte ich mir vor, dass Jesus mit mir am Tisch saß und mir nichts Schlimmes passieren konnte. Wenn ich Angst hatte, wusste ich, wo ich Schutz fand. An jedem Ort, so laut und voll er auch sein mochte, hatte ich meinen Schutz dabei. Ich war nicht allein.

du, Gott, bist meine sichere Zuflucht, mein Beschützer.

Trotzdem kenne auch ich Gedanken wie diesen:»Niemand mag mich so richtig. Keiner will mit mir befreundet sein.«Wenn du eine introvertierte Persönlichkeit bist, die zu allem Überfluss phasenweise auch noch sehr schüchtern sein kann, dann gehört es nicht gerade zu deinen Königsdisziplinen, Freundschaften zu schließen. Um ganz ehrlich zu sein, war diese Sache mit den Freunden lange Zeit ein großes Rätsel für mich. Ich beobachtete, wie aus Sitznachbarn Seelenverwandte wurden und dieselbe Schnürsenkelfarbe ein festes Band zwischen Menschen spannen konnte. Sobald auch ich mal nur annähernd ein ähnliches Oberteil wie meine Klassenkameradin anhatte, war es mit jeglichen Aussichten auf eine zaghafte Annäherung geschweige denn auf eine Freundschaft vorbei. (»Dann kauf deine Klamotten halt nicht bei beliebten Modeketten«, hätte ich am besten entgegnet, wenn es mir damals bloß eingefallen wäre.) Freundschaft entsteht nicht einfach so über Nacht oder durch Zauberhand – zumindest nicht in meinem Leben. Deshalb brauchte es einen Entschluss von mir.»In einem Jahr, von jetzt an, möchte ich mindestens zwei neue Freunde gefunden haben«, nahm ich mir nach meinem ersten Jahr an der Uni vor. Und was soll ich sagen, es hat tatsächlich funktioniert! Der Preis für meine neuen Freundschaften waren schwitzige Hände und direkte Fragen meinerseits und zunächst überraschte, dann aber jedoch freundliche Blicke auf der anderen Seite. Ich habe gelernt, dass ich zwar gern allein bin, aber deshalb noch lange nicht immer allein sein muss! Ich habe gelernt, dass es die Überwindung, die es kostete, den ersten Schritt zu machen, wert ist. Ich habe gelernt, dass Ehrlichkeit viel mehr verbindet, als den perfekten Schein zu wahren. Ich habe gelernt, Vorurteile abzubauen und auf andere zuzugehen. Ich habe gelernt, Freundschaften zu schließen – hat ja auch nur zwanzig Jahre gedauert.

Das hätte alles nicht funktioniert, wenn ich weiterhin bei meinem Perfektionismus und den ständigen Vergleichen mit anderen geblieben wäre. Den Blick neidisch auf andere und ihre Wege zu richten, hilft mir nicht dabei, meinen zu gehen. Genauso kontraproduktiv ist der Anspruch, immer alles perfekt machen zu wollen. Und dabei meine ich: immer. Und alles. Dein Perfektionismus kann deine stille Persönlichkeit nicht kompensieren. Genauigkeit mag eine deiner Stärken sein. Darauf kannst du stolz sein. Perfektion hingegen ist eine Falle. Sie ist der zum Scheitern verurteilte Versuch, andere zu zwingen, dich zu lieben.

Lass mich dabei zwei Dinge klarstellen:

1. Das kannst du nicht.
2. Das musst du nicht.

Du bist geliebt. Ganz unabhängig davon, ob du überhaupt etwas tust! Da wir gerade beim Thema sind: Zurückhaltende Menschen neigen dazu, ohne Widerworte viel zu viele Aufgaben anzunehmen und die Erwartungen anderer nicht enttäuschen zu wollen (schau dazu ruhig noch mal in das sechste Kapitel). Die Frage »Könntest du bitte mal grad ...?« stellt uns im Alltag vor große Herausforderungen. Ich war schon oft diejenige, die bei Gruppenarbeiten die unbeliebten Parts übernommen hat und auch in der Gemeinde keine Bitte ausschlagen konnte. Und dabei wollte ich natürlich alles perfekt meistern. Das bringt mich wieder zurück zu:

1. Das kannst du nicht.
2. Das musst du nicht.

Markiere dir diese Seite, denn hier kommt deine Lizenz zum Neinsagen. Trage deinen Namen ein und halte sie dir (oder auch allen, denen du absagen willst) unter die Nase.

Die Unterzeichnende ist berechtig zum Neinsagen. Sie muss nichts. Sie darf Erwartungen enttäuschen. Sie darf unperfekt sein. Sie ist geliebt.

_____   _____
Ort, Datum   Unterschrift

Angst überwinden

Sie kann leise und sie kann laut. Die Angst schleicht sich an mit vagen Gedanken und leisen, aber wiederkehrenden Fragen. Oder aber sie packt dich, wenn du am wenigsten mit ihr rechnest, kaut dich durch und spuckt dich als ein Häufchen Elend wieder aus. Vermutlich denkst du jetzt: »Ganz schön heftig. Muss die mir so ein Kopfkino machen? Sie weiß doch, was für eine rege Fantasie wir Stillen haben.«

Leider entspricht meine Darstellung der Angst aber der Wahrheit und leugnen hilft nichts, erst recht nicht bei Angst. Sie entsteht tief drinnen in unserem Gehirn, im Unterbewussten, und kann, wenn sie überhandnimmt, zu einem ausgewachsenen Problem werden. Dafür muss ich bestimmt keine Beispiele nennen.

Übermäßige Angst blockiert uns. In den meisten Fällen lasse auch ich mich von ihr ausbremsen und nehme solche Aktionen wie eine Fahrt nach Berlin gar nicht erst in Angriff. Allein. In eine Großstadt. Über Nacht. Da müssen mein Wille und mein Bewusstes schon viel stärker sein als die Angst ... Aber genau dieses Prinzip kann dir, laut der Autorin Sylvia Löhken, bei deinen Ängsten helfen. Das bewusste Denken, das in einem anderen Teil des Gehirns stattfindet, kann die Angst im Unterbewusstsein verdrängen. Ganz praktisch funktioniert das Ganze so:

Mache dir zunächst klar: Wovor hast du Angst? Du leuchtest mit deiner Taschenlampe nicht vage unters Bett, sondern direkt auf die Angst. Dann erklärst du dir, welche Bedeutung es für dich hat, diese Angst zu überwinden. Zuletzt spricht du es laut aus »Ich habe Angst vor ...« So aktivierst du dein bewusstes Denken und die Angst hat weniger Macht über dich.[54] Wenn du magst, kannst du auch noch ein Gebet anschließen und Gott um Ruhe bitten. Er hat unser Gehirn ziemlich genial ausgestattet, nur kann es sein, dass bei uns Introvertierten der Teil, der für die Angst zuständig ist, sensibler reagiert. Trotzdem hat sich Gott etwas Gutes gedacht, als er das Angstgefühl in uns anlegte. Es soll uns vor lebensbedrohlichen Risiken und Gefahren schützen. Jeder Mensch hat Angst, sie gehört zum Leben dazu. Mach dich also nicht noch mehr fertig, wenn du unter ihr leidest. Angst kann nicht nur unser Leben schützen, sondern auch ein Wegweiser sein. Gibt es in deinem Leben eine große Sache, die du aus Angst, zu versagen, vor dir herschiebst? Vielleicht tust du das, weil dir diese Sache wirklich wichtig ist. Verurteile dich nicht für diese Angst, sondern sieh das Ganze eher als eine Möglichkeit zu wachsen an – in deiner Persönlichkeit und im Vertrauen auf Gott.

Ich weiß, wovon ich hier schreibe, denn ich hatte schon vor so manchen Dingen eine Heidenangst. Ein wirklich großer Angstgegner war zum Beispiel meine Altgriechisch-Prüfung – wie Latein, nur mit anderen Buchstaben eben. Sie war mir persönlich ziemlich wichtig und ich musste sie bestehen, um meinen Bachelor-Abschluss machen zu können. Ein Jahr lang lernte ich circa zehn Stunden pro Woche, und mit meinem Wortschatz wuchs auch meine Angst, zu versagen. Sie machte sich bemerkbar in meinen Gedanken und in meinem Körper. Mir war ständig übel, ich hatte schlaflose Nächte und es fühlte sich an, als würde ich die Kontrolle über mein gesamtes Leben verlieren. In diesem Jahr habe ich nicht nur Altgriechisch, sondern auch beten gelernt (wenn du mich fragst, ist das der Grund, weshalb man für Religionslehre immer noch Altgriechisch lernen muss). Ich erstellte mir eine Playlist mit Worship-Songs, die ich schon oft gehört und mitgebetet hatte. Ich las in den Psalmen sehr gefühlsbetonte Worte an Gott. Ich stellte mir jeden Abend vor dem Einschlafen vor, wie es sich anfühlt, die Prüfung zu bestehen. Was ich dann sagen würde. Was ich sehen würde. Was ich hören würde. Ich nutzte meine gesamten Sinneswahrnehmungen und mein gutes Vorstellungsvermögen, um die Angst zu vertreiben und meinem Ziel näher zu kommen. Denn um ein Ziel zu erreichen, muss man wissen, wo man hinwill! Ich wurde immer besser darin, die frühen Anzeichen meiner Angst zu erkennen und sie zu stoppen. Entweder ich stellte mir wieder vor, wie es ist, die Prüfung zu bestehen, oder zählte von hundert an rückwärts, einfach damit mein Hirn keine Kapazitäten für beängstigende Gedanken mehr hatte. Wenn es schon zu spät war, legte ich mich auf den Boden und meine Beine gegen eine Wand. Dadurch (und auch durch Essen, Trinken, Berührungen an Hals oder Brust) fährt unser Körper das Stressprogramm runter und schaltet in den Entspannungsmodus. Jetzt kann ich Altgriechisch, Beten, was das Zeug hält, und meine Ängste überwinden.

MEINE PERSÖNLICHEN ANGST-HILFEN

Hier ein paar Lieder
- »You make me brave«, Bethel Music, Amanda Lindsey Cook
- »Shoulders«, for KING & COUNTRY
- »Remember«, Riley Clemmons

Und hier ein paar Psalmen
- Psalm 31
- Psalm 91
- Psalm 121

Das Land auf der anderen Seite der Angst

Apropos Ängste überwinden. Ich schulde dir noch die Fortsetzung vom Berlin-Cliffhanger. Bin ich also wirklich in den Zug gestiegen? Ich könnte dich jetzt genauso gut fragen, ob ich wirklich dieses Buch geschrieben habe, denn da besteht ein Zusammenhang!

Ja, ich bin tatsächlich nach Berlin gefahren. Entgegen allen Ängsten – und das waren viele! Ich habe den Schritt aus meiner Komfortzone gewagt. In meiner Vorstellung verpasste ich Züge, verlief mich, hatte schreckliche Zimmergenossinnen, fand die Veranstaltung langweilig und verhaute die Klausur in der darauffolgenden Woche. Stattdessen überraschte Gott mich, als ich meine Angst überwand. Nicht nur, dass der Tag an sich inspirierend war. Nein, auch die Menschen, die ich neu kennenlernen durfte, haben mein Leben nachhaltig bereichert! Und noch viel mehr ist passiert.

Gott gebrauchte einen jungen Mann, der ebenfalls an der Veranstaltung teilnahm, um mich auf die großen Dinge vorzubereiten, die wenige Stunden später in meinem Leben passieren sollten. In einer Pause des Programms, die zum Austauschen und Kennenlernen der anderen Social-Media-Begeisterten gedacht war, sprach er mich an, denn er hatte ein Gespräch mitgehört, während dessen ich erzählte, dass ich stille Menschen in Kirchen stärken möchte. »Ich bin zwar selbst nicht introvertiert, aber ich glaube, dein Anliegen ist so wichtig! Ich will dich ermutigen, da weiterzumachen – du kannst da viel bewegen!« Das waren seine Worte. Meine Gedanken waren: »Oh, okay. Danke. Was war das jetzt?«

Die Pause endete – was mich sehr erleichterte, denn so viele fremde Menschen, mit denen ich mich unterhalten sollte, waren mir nicht unbedingt geheuer – und wir durften alle wieder an unseren Sitzplatz zurückkehren. Den hatte ich nämlich mittlerweile insgeheim zu meinem Rückzugsort erklärt. Völlig übermüdet saß ich am nächsten Tag im Zug nach Hause und mein Verstand kam gar nicht hinterher, sämtliche Eindrücke der vergangenen 36 Stunden zu verarbeiten (ganz vorn mit dabei war die für mich Dorfkind vollkommen neue Erfahrung einer Nacht, in der man stündlich von den Martinshörnern der vorbeifahrenden Polizeiautos geweckt wurde). Über die Worte des jungen Mannes dachte ich nicht mehr nach. Warum auch? Mein Instagram-Account zählte gerade einmal 300 Follower, und auch sonst hatte ich nicht wirklich das Gefühl, dass irgendjemand etwas von stillen Menschen hören wollte.

Das nächste Mal, dass mir die Worte wieder in den Sinn kamen, hüpfte ich wie ein Frosch durch unser Wohnzimmer. Genau, wie ein Frosch, der sich vor lauter Freude gar nicht mehr einkriegt. Kurz zuvor hatte ich meinen besagten Instagram-Account geöffnet und las die Nachricht von meinem Verlag:»Könntest du dir vorstellen, etwas über Introversion mit uns zu schreiben?« Meine Gedanken überschlugen sich:»Das konnte nur ein Missverständnis sein. Obwohl … vor weniger als zwei Tagen sagte doch noch jemand zu mir, ich solle meinem Herzen in dieser Angelegenheit folgen. Okay, das ist jetzt krass. Das bedeutet, dass Gott den jungen Mann zu mir geschickt hat und meinen Mut mehr als belohnt.« Gott hatte mich berufen. Gott sah mein Leid. Er sah, dass andere»es schlecht machen wollten« und machte es selbst gut (wie bei Josef in 1. Mose 50,20).

Heute weiß ich: Gott nutzt mein Leben, meine Leidenschaft und meinen Mut, um andere zu ermutigen! Sicher: Er kann das auch ohne mich tun, braucht keinen Instagram-Kanal, mich nicht in Berlin und auch nicht das Wissen, das ich mir für dieses Buch angeeignet habe. Aber Gott will mich segnen und ich darf so für dich zum Segen werden. Er wünscht sich, dass wir nicht still bleiben aus Angst. Er beruft uns dazu, sein Licht durch uns strahlen zu lassen. Seine Gnade und Liebe ist es, die uns befähigt, mutig zu sein und mehr zu können, als wir je dachten.

Meine Berlinreise war trotz meiner anfänglichen Angst schön und die erste von vielen herausfordernden Erfahrungen im Jahr 2020, die mein Selbst- und Gottvertrauen gestärkt hat. Ich erkannte: Außerhalb der Komfortzone, auf der anderen Seite der Angst, liegt Wachstum. Bisher hatte ich immer geglaubt, heilloses Chaos würde ausbrechen, wenn ich mit meinem großen Zeh auch nur in die Nähe der Grenzen meiner Komfortzone käme. Jetzt weiß ich, dass Segen darin liegt, wenn wir vertrauen, dass Gott unsere Schritte auch außerhalb unserer lieb gewonnenen Grenzen lenkt.

Ein solches Buch zu schreiben, war schon lange mein Traum, aber aus eigenem Antrieb hätte ich es wahrscheinlich nie umgesetzt. Hast du auch so einen Traum? Eine Idee, die dich nicht mehr loslässt? Einen leisen Ruf, den du hörst? Dann lass mich dir einen verrückten Vorschlag machen, ein Gedankenexperiment, wie ich es seit meiner Berlinreise immer mal wieder selbst durchspiele! Erinnerst du dich noch an die ersten Sätze dieses Buches? Manchmal frage ich mich nämlich tatsächlich, wie es wäre, wenn meine Angst einfach über Nacht verschwinden würde. Angenommen, ich hätte kein mulmiges Gefühl, wenn ich daran denke, allein zu verreisen. Angenommen, mein Herz würde nicht rasen bei der Vorstellung, mich in einer Großstadt zurechtfinden zu müssen. Dann würde mir so ein Wochenende wie in Berlin einfach nur richtig viel Spaß machen! Noch mehr als mit meiner Angst im Gepäck.

Stell dir also vor, du wachst morgen früh nach einer langen und erholsamen Nacht in deinem Bett auf. Du hast so tief und fest geschlafen, dass du gar nicht bemerkt hast, dass ein Wunder geschehen ist: Deine Angst ist weg und du kannst deinen Traum verwirklichen. Sie ist einfach weg, du hast allerdings nicht mitbekommen, wie sie verschwunden ist. Aber es gibt Hinweise, dass es wirklich passiert ist, und Unglaubliches, was folgen kann. Spiele es im Kopf durch:

- Woran merkst du es als Erstes, dass dieses Wunder passiert ist?
- Welche Veränderung kannst du schon beim Aufwachen feststellen?
- Wir wirkt sich das Wunder darauf aus, wie du dich fühlst?
- Was machst du als Erstes nach dem Aufstehen? Und was danach?
- Wie sieht der Tag nach dem Wunder ohne Angst aus?

Wenn du jetzt ein paar Ideen hast, wie so ein Tag in Freiheit aussehen und sich anfühlen kann, versuche doch wenigstens eine Sache in die Tat umzusetzen. Vielleicht bedeutet das für dich, Situationen und Menschen positiv zu begegnen oder deine Sorgen bewusst an Gott abzugeben. Du könntest dieses eine klärende Gespräch führen oder einfach mal etwas für dich tun. Vielleicht wolltest du schon immer diese eine Sportart beginnen, einen Blog starten, einen Sprachkurs belegen, diese eine Reise machen. Möglicherweise willst du auch Gott ganz neu begegnen und deine Ängste gleich zusammen mit deinen Selbstlügen am Kreuz gegen Wahrheiten und Vertrauen eintauschen. Heute kann Tag eins sein. Was machst du als Erstes?

Interview mit Jana Highholder: Still und sichtbar

Als ich gehört habe, dass Jana Highholder sich selbst als »introvertiert« beschreibt, war ich zuerst überrascht, denn sie bewegt als »Girl Preacher« und »Game Changer« Hunderte Herzen mit ihren gesprochenen oder geschriebenen Texten. Ich erlebe sie als eine unglaublich starke und redegewandte Frau, der es nichts auszumachen scheint, auf großen Bühnen zu stehen und viel unterwegs zu sein. Da ein solches Leben für die wenigsten etwas mit einer stillen Persönlichkeit zu tun hat, habe ich nachgefragt und auch bei Jana das »stille Strahlen« entdeckt.

||||||||||||||

Wie bringst du das zusammen: Deine Persönlichkeit bezeichnest du als still und deine Person ist mindestens für

eine ganze Generation von Jesus-Nachfolgern sichtbar? Du kommst mir sehr selbstbewusst und wortgewandt rüber.

Die Worte, die du gerade gebraucht hast, sind für uns Synonyme für »extrovertiert«, eine Fremdbeschreibung, mit der Erwartung verbunden, ein Entertainer zu sein. Wir erwarten von Predigern, dass sie eine Show abliefern, witzig sind, besondere Geschichten aus ihrem Leben erzählen können, eine perfekte Familie haben und so weiter.

Ich bin keine Entertainerin! Wenn jemand versucht, auf der Bühne Small Talk oder Witze mit mir zu machen, bin ich raus – da bin ich nicht für geschaffen. Vor, während und nach Auftritten bin ich sehr fokussiert. Ich bereite mich vor, indem ich Ruhe suche. Statt mit vielen Menschen umgebe ich mich mit Ehrfurcht. Die vielen Kontakte zu anderen Menschen, gerade im Anschluss an Veranstaltungen, waren immer sehr kraftraubend für mich, und ich habe mich gefragt: »Mag ich keine Menschen? Mache ich etwas falsch, wenn es doch unser Calling ist, Menschen zu lieben?«

Dann war es eine Revelation für mich, zu erkennen, dass wir die Verbindung von Eigenschaften wie Stärke oder Wortgewandtheit mit der extrovertierten Persönlichkeit selbst geschaffen haben. Ich darf aber gleichzeitig stark, redegewandt, selbstbewusst und introvertiert sein!

Sich seiner selbst bewusst zu sein bedeutet für mich, dass ich weiß, wer ich in Christus bin. Das gibt mir Kraft. Meine introvertierte Persönlichkeit anzuerkennen, war eine große Erleichterung für mich! Wenn ich zurück auf mein Leben blicke, hatte ich nie eine große Freundesgruppe, sondern eine

Person, mit der ich eine Zweierschaft und tiefe Freundschaft gelebt habe.

Hast du Rituale oder Strategien, die dir als Introvertierte in dieser lauten Welt helfen?

Seit sechs Jahren schreibe ich Tagebuch. Und Poetry-Slam ist nichts anderes. Beides hilft mir dabei, meinen lauten Kopf auf Papier zu formen. Dann gehe ich noch gerne spazieren. Am liebsten alleine. Letztens war mir das zu unsicher und mein Papa ist mitgekommen. Ich habe zu ihm gesagt:»Papa, du darfst gerne mit, aber ich will nicht reden.« Wenn ich dadurch als desinteressiert und unfreundlich wahrgenommen werde, oder einfach in Momenten, in denen ich keine Energie mehr habe, bin ich dankbar für meinen Freund, der mich auffängt und abschirmt. Stärken, die ich nicht habe, hat Gott anderen geschenkt und ich mag es, wenn diese zusammenkommen.

Es gibt viele Herausforderungen für uns Intros. Gibt/Gab es Punkte in deinem (öffentlichen) Leben, an denen du dich selbst und deine Berufung angezweifelt hast? Was hat dir geholfen mit den Selbstzweifeln oder Anfechtungen umzugehen?

Das Level an Anfeindung, das ich erlebt habe, ist über die Maßen hoch. Ich bin erprobt, kann man sagen. Ich zweifle auch nicht an meiner Berufung, dass Gott mich ausgestattet hat oder an Gottes Intentionen und Gedanken für mein Leben! Das steht fest.

Trotzdem darf man sich bei Kritik hinterfragen, ob da etwas dran ist. Ich habe Menschen, die mich unterstützen und lieben, mit denen ich das dann bespreche. Aber ich muss mich nicht jeder Meinung hingeben!

Es gibt auch Momente, da frage ich mich und Gott: »Bin ich noch auf dem richtigen Weg? Nein, was soll ich stattdessen tun?« Doch ich bin fest überzeugt, wenn wir etwas gegen Gottes Herz tun, wissen wir das auch. Ein Herz, das ehrlich daran interessiert ist, Gott zu ehren, kommt nicht vom Weg ab. Gott comforted dich in deinen Zweifeln an seinem Plan für dich. Mir schenkt er Erinnerungen an seinen Willen durch mein Umfeld. Und selbst wenn du länger nichts von ihm gehört hast, dann folge dem Letzten, das er dir aufs Herz gelegt hat!

Wie erlebst du deinen christlichen Glauben? Gerade in Kirchen wird so viel Wert auf Beziehungen untereinander gelegt und wie wichtig Gemeinschaft mit anderen Christen ist, lesen wir ja schon in der Apostelgeschichte (Apostelgeschichte 2,42). In welchen Bereichen dürfen Kirchen noch wachsen und wo die Stillen?

Ich merke, dass ich noch Social Skills lernen darf. Ich verstehe, dass sie mir helfen und dass ich auch auf der Bühne erst eine Atmosphäre kreieren muss. Ich lege oft direkt los, ohne vorher eine »Herzensconnection« zu bauen.

Zu den Gemeinden kann ich nur aus meiner Erinnerung etwas sagen, da ich selbst seit einigen Jahren nicht mehr in diesem Sinne Teil einer Gemeinde bin. Früher war ich nicht gern in der Jugend, ich mochte es einfach nicht. Da waren immer alle zusammen und es wurden witzige Aktionen gemacht, was aber nicht zu meiner introvertierten Persönlichkeit passt. Ich wünsche mir mehr Kleingruppen und stillere Dinge auch für dieses Alter, aber die Wahrheit liegt in der Spannung – es braucht Angebote für beide und wir müssen aufhören, so sehr in Stereotypen zu denken.

Danke für deine Inspiration! Ich bin mir sicher, dass auch Verantwortliche in Kirchen sich davon einiges mitnehmen können. Aber noch mal zu unserer eigentlichen Zielgruppe. Gibt es ein Learning, irgendetwas, das du mit den Leserinnen teilen möchtest? Vielleicht etwas, das dir auf deinem Weg geholfen hätte?

Hunger nach Gott sieht unterschiedlich aus! Der ersten Reihe im Gottesdienst, die tanzend Gott lobt, der wird großer Glauben nachgesagt. Ich selbst würde mich nicht so wohlfühlen, aber ich freue mich immer über ihre Art. Diejenige in der letzten Reihe, die im Blick Gottes ruhend kniet, lobt Gott ebenso hingegeben! Meine Freundin Annika hat mich gelehrt, dass Treue, Liebe, Hingabe und Gott suchen anders aussehen, als ich es immer geglaubt habe. Sie betet im Hintergrund, während ich auf der Bühne stehe. Damit hat sie mir Demut gelehrt und unsere menschlichen Wertungen entkräftet. Wir denken, Leidenschaft muss laut, bunt und explosiv sein, dabei darf sie auch ganz still in unserem Inneren sein. Ich möchte euch Mut machen, Gott auf eure Weise zu lieben! »Lautstärke« ist kein Maßstab für Liebe, Hingabe oder eure Verbindung zu Gott! In der Bibel steht selbst »Die Letzten werden die Ersten sein«. Mein wichtigster Wert ist Demut. In der persönlichen Stillen

Zeit, egal, wie sie aussieht, werde ich eins mit allen anderen Christen und Gott. Darauf kommt es an, nicht darauf, irgendwie hervorzustechen. (Irgend)ein Platz im Leib ist genug, Gott füllt die Bühne, ich alleine kann nichts dazu beitragen! Der beste Platz ist in der Gegenwart Gottes, egal, ob tanzend oder ruhend. Ich glaube, Gott zeigt dir deinen Platz, von dem aus du gar nicht anders kannst, als rauszugehen und zu dienen, mit dem, was er dir gegeben hat. Schau nicht auf die Talente von anderen, sondern sei bereit das, was du hast, Gott zur Verfügung zu stellen!

ZEIT, ZU STRAHLEN!

Im Jahr 2017 saß ich mit meinem Mann und einem gemeinsamen Freund auf unserem Sofa und sagte: »Dann schreibe ich eben selbst mal ein Buch für stille Menschen!« Kurz zuvor hatte ich meiner Psychologie-Dozentin an der Bibelschule eine E-Mail geschrieben mit der Bitte, mir (christliche) Bücher zum Thema Persönlichkeit und vor allem Introversion zu empfehlen. Obwohl ich mir so sicher war, dass sie mindestens ein gutes Buch kannte, war ich mit ihrer Auswahl nicht zufrieden. Denn für junge Frauen, die im Leben irgendwo verletzt und mutlos zwischen Ausbildung, Gott und viel zu vielen Stühlen sitzen, war keines dabei. »Dann schreibe ich eben selbst ein Buch!«, daran habe ich fortan nicht mehr gezweifelt. Es war eine ganz besondere, intuitive Gewissheit, die sich gegen alle Anflüge von Zweifeln und Angst durchsetzen konnte.

In meinem Leben gab es bisher wenige Momente, in denen Gott zu mir gesprochen hat. Jedes Mal war es ein Gedanke, der aus dem Nichts kam und bei dem ich mir sicher war, dass es mein Leben auf den Kopf stellen würde, wenn ich ihn befolgen würde – im Positiven! Jedes Mal war es, als hätte Gott einen kleinen Funken in mir gezündet, so klein, dass man ihn schnell wieder mit Selbstzweifeln hätte auslöschen können. Doch weil er so anders war als die Gedanken, die sonst ununterbrochen durch meinen Kopf jagten, wollte ich ihn nicht verlieren. In den wilden, dunklen Stürmen von Angst, Selbstlügen und Verletzungen musste ich gut auf den kleinen Funken aufpassen. Manchmal war es knapp, war er kurz davor, zu erlöschen, aber was ihn am Leuchten hielt, war der Glaube daran, dass Gott sogar mich wunderbar geschaffen hat und liebt. Dieser kleine Gedanke, zum ersten Mal auf meinem Sofa gedacht, hatte drei Jahre Zeit, von einem Funken zum strahlenden Licht zu werden.

Ich wünsche dir, dass du so einen Funken auch in dir entdeckst. Dass du ihn vor den Stürmen deines Herzens beschützen kannst, so wie er dich vor ihnen beschützt. Ich wünsche dir, dass aus dem kleinen Funke(l)n ein anmutiges »stilles Strahlen« wird. Dass du erkennst, wie wunderbar begabt du von Gott erschaffen wurdest und wie großartig deine stillen Stärken sind. Ich wünsche dir, dass Scham, Schuld und Selbstlügen keine Macht mehr über dich haben können und du deinen Rückzugsort immer nur ein Gebet entfernt dabeihast. Ich wünsche dir Mut, deine Grenzen zu sprengen und dich von Gott überraschen zu lassen. Auf geht's. Zeit, zu strahlen!

Deine Marie

ANHANG

Bist du introvertiert oder extrovertiert?

Ich bin mir sicher, du hast schon eine Ahnung, auf welcher Seite der Skala du eher einzuordnen bist – auf der »stillen Seite« oder doch eher der »lauten Seite«. Immerhin hast du jetzt schon sehr viel über die Persönlichkeit, die Gott dir geschenkt hat, gelernt! Mit den folgenden 39 Aussagen kannst du dich noch besser einschätzen. Versuche sie ganz schnell aus dem Bauch heraus zu beantworten und überlege nicht lange (ich weiß, das ist leichter gesagt als getan!). Und denke immer daran: Es gibt hier kein Richtig oder Falsch.

Das kommt mir bekannt vor ...	Ja	Nein
Ich habe wenige Freundschaften, dafür aber sehr gute.		
Wenn mich ein Thema interessiert, kann ich ewig darüber reden, sonst bin ich eher schweigsam.		
Zu spät kommen, geht gar nicht!		
Oft weiß ich vorher, wie es anderen geht.		
Für mich scheinen andere sich meist nur über unwichtige Dinge zu unterhalten.		
Gute Vorbereitung ist für mich alles – egal, ob Referat oder ein Besuch im Café!		
Je mehr Menschen mich umgeben, desto unsicherer werde ich.		
Spontane Aktionen sorgen bei mir für Stress.		

Freie Platzwahl? Dann sitze ich hinten.
So falle ich weniger auf und habe alles im Blick.

Ich bin kreativ.

Wenn es ein Problem gibt, bin ich eine der
Ersten, die eine Lösung hat!

Im Mittelpunkt zu stehen, ist nichts für mich.

Meine Freunde schätzen mich dafür, dass ich gut
zuhören kann.

Da gibt es einen Lieblingsplatz – der ist mir heilig.

Wenn mich jemand verletzt hat, lasse ich es
mir meistens nicht anmerken. Ich will ja keine
»Szene« machen.

Auf fremde Menschen zuzugehen, lässt mich in
Schweiß ausbrechen.

Den berühmten Small Talk und »Wie-geht's-dir-
Fragen« mag ich nicht. Entweder weil sie mir
unwichtig vorkommen oder weil ich es einfach
nicht kann.

Ich höre lieber zu, als dass ich rede.

Eine Freundin/einen Freund dabeizuhaben,
hilft mir, in neue Gruppen reinzufinden.
Ohne sie/ihn würde ich da niemals hingehen!

Bin ich mit anderen zusammen und es geht
mir nicht gut, lasse ich mir das nicht anmerken.

Es ist etwas schiefgelaufen? Das ist bestimmt
meine Schuld!

Meine Texte werden in der Schule/Uni/Arbeit
sehr gelobt.

To-do-Listen und Pro-und-Kontra-Listen sind
meine leichtesten Übungen.

Ich zweifle oft an mir.

164

Komplimente kann ich nicht gut annehmen.

Ich glaube nicht, dass ich etwas Besonderes bin.

Telefonieren ist für mich der Horror.

Sprachnachrichten traue ich mich kaum
abzuhören, geschweige denn aufzunehmen.
Gott sei Dank gibt es Textnachrichten!

Ich habe mich schon oft geärgert, weil ich etwas
nicht gesagt oder getan habe.

Ich bin überzeugte Realistin, auch wenn andere
mich als Pessimistin bezeichnen würden.

Menschen unterschätzen mich und sind im Nachhinein oft überrascht von meinen Fähigkeiten.

Mir wurde schon gesagt, dass ich abweisend
oder auch geheimnisvoll wirke.

Meine Meinungen kann ich gut begründen.

Bevor ich etwas sage, denke ich lange darüber
nach.

Überschwängliche Begrüßungen und
Umarmungen schrecken mich ab.

Ich grüble oft, frage mich, ob ich mich in der
Vergangenheit anders hätte verhalten sollen,
und mache mir Sorgen um die Zukunft.

Schlagfertig bin ich – nur halt so zwei Tage später.

Andere schätzen mich wegen meiner Zuverlässigkeit.

Ich brauche selten jemanden zum Reden,
das meiste mache ich mit mir selbst aus.

Ich bin ein Organisationstalent.

Empfehlungen

Die folgenden Tests und Bücher können dir zusätzlich zu diesem Buch weiterhelfen (alle Links zuletzt aufgerufen am 14. 06. 2021).

- Die deutsche Version des 16-personalties-Test: https://www.ssoar.info/ssoar/handle/document/65715#
- DISG, ein Test auf der Grundlage vom OCEAN-Modell: https://www.disgprofil.eu/e-book/?gclid=EAIaI QobChMIjO3ymbz56QIViKztCh2L0QAUEAAYASAC EgJWa_D_BwE
- Ein kostenloser Persönlichkeitstest auf der Grundlage vom OCEAN-Modell: http://charaktertest.net/persoenlichkeitstest

Wenn du mehr über Introversion und Christsein lernen möchtest:
- Debora Sommer, Die leisen Weltveränderer. Von der Stärke introvertierter Christen, SCM Hänssler, Holzgerlingen, 2. Auflage 2018

Ein Begleiter auf deinem Weg von der Schüchternheit zum Selbstbewusstsein:
- Melina Royer, Verstecken gilt nicht! Wie man als Schüchterner die Welt erobert, Kailash, München 2017

Lerne, dich mit Gottes Augen zu sehen und dich mit deiner schmerzhaften Vergangenheit zu versöhnen:
- Sheila Serrer, Sein Blick heilt dein Herz. Von einem Gott, der deine Wüste zum Blühen bringen will, Gerth Medien, Asslar 2021

ANMERKUNGEN

1 »[…] das Adjektiv (mhd. gemein, ahd. gimeini) geht auf germ. *ga–
maini – »allgemein« zurück, das seinerseits auf idg. *moino – ›Austausch, Wechsel‹ beruht; die ursprüngliche Bedeutung ist also
›wechselhaft, worin man sich abwechselt‹, daraus wurde dann
›gemeinschaftlich‹; die Bedeutungsverschlechterung zu ›nieder-
trächtig‹ vollzieht sich erst in neuhochdeutscher Zeit; die Ablei-
tung Gemeinde geht auf mhd. gemeinde, ahd. gimeinida zurück und
bedeutet in etwa »Kommune, Gemeinschaft«, bezieht sich also auf
das ursprüngliche Verständnis von gemein«: https://www.wissen.de/
wortherkunft/gemein (zuletzt aufgerufen am 09. 09. 2021).

2 Mit Outgoing-Menschen meine ich extrovertierte Menschen.

3 Hier frei wiedergegeben nach Matthäus 19,27-30.

4 Vgl. Sylvia Löhken, Leise Menschen – starke Wirkung. Wie Sie Präsenz
zeigen und Gehör finden, Piper Verlag GmbH, München/Berlin 2015,
S. 22 f.

5 Vgl. Susan Cain, Still. Die Kraft der Introvertierten. Goldmann,
7. Auflage, München 2013, S. 14 ff.

6 Vgl. Lawrence Pervin, Persönlichkeitstheorien, Ernst Reinhardt GmbH
& Co KG Verlag, 4. Auflage, München 2000, S. 260.

7 Vgl. www.de.wikipedia.org/wiki/Carl_Gustav_Jung#Beziehung_
zu_Freud (zuletzt aufgerufen am 03. 06. 2020) und »Verfluch-
te Briefe« in DER SPIEGEL 15/1974, online abrufbar unter
https://www.spiegel.de/kultur/verfluchte-briefe-a-b21b
6f01-0002-0001-0000-000041751335 (zuletzt aufgerufen am
13. 09. 2021).

8 Vgl. Löhken, 2015, S. 29.

9 Ebd., S. 28.

10 Anne Heintze, Auf die leise Weise. Wie Introvertierte ihre Stärken
erkennen und nutzen, Gräfe und Unzer, München 2016, S. 9.

11 Jens Asendorpf, Persönlichkeitspsychologie für den Bachelor,
Springer, 4. Auflage, Berlin 2018, S. 34.

12 Vgl. Debora Sommer, Die leisen Weltveränderer. Von der Stärke introvertierter Christen, SCM Hänssler, 2. Auflage, Holzgerlingen 2018,
S. 33.

13 Löhken, 2015, S. 36.

14 Ebd., S. 22 ff.

15 Melina Royer, Verstecken gilt nicht! Wie man als Schüchterner die Welt erobert, Kailash, München 2017, S. 33.

16 Cain, 2013, S. 157.

17 Ebd., S. 157.

18 Vgl. Cain, 2013, S. 155–159.

19 Vgl. ebd., S. 183.

20 Vgl. Heintze, 2016, S. 24 und Cain, 2013, S. 164.

21 Vgl. ebd., S. 18.

22 Cain, 2013, S. 159.

23 Vgl. Cain, 2013, S. 159 f.

24 Vgl. ebd., S. 167–171.

25 Heintze, 2016, S. 61.

26 Albert Schweitzer, zitiert nach: Royer, 2017, S. 47.

27 Vgl. Löhken, 2015, S. 46–69.

28 Tom Hooper (Regie), The King's Speech – die Rede des Königs, 2010. Minute 00:53:46–00:53:50.

29 Vgl. Cain, 2013, S. 15.

30 Vgl. Elaine Aron, zitiert nach: www.introvertiert.org/warum-introvertierte-die-evolution-ueberlebt-haben (zuletzt aufgerufen am 09. 09. 2020).

31 Vgl. Cain, 2013, S. 96–100.

32 Vgl. www.youtube.com/watch?v=tLfbmepDd4c (zuletzt aufgerufen am 09. 09. 2020).

33 Albert Einstein, in Forum and Century, Vol. 84 (1931), S. 103 f., zitiert nach: Cain, 2013, S. 116.

34 Vgl. Cain, 2013, S. 121.

35 Vgl. Heintze, 2016, S. 16.

36 Vgl. Cain, 2013, S. 116 f.

37 Vgl. ebd., S. 102 ff.

38 Vgl. Heintze, 2016, S. 16.

39 Vgl. ebd., S. 16.

40 Vgl. ebd., S. 16.

41 Wenn du glaubst, dass du Panikattacken hast oder mit jemandem über deine Ängste und deine mentale Gesundheit sprechen möchtest, dann findest du hier Hilfe: Telefon-Seelsorge https://online.telefonseelsorge.de/ bzw. Telefon: 0800 111 0 111 oder für Kinder und Jugendliche: https://www.nummergegenkummer.de/onlineberatung/#/ bzw. Telefon: 11 611 (beide zuletzt aufgerufen am 22. 09. 2021).

42 Ich habe hier bewusst nicht Vers 14 zitiert, der Elias Antwort eigentlich enthält, denn nur in den deutschen Übersetzungen weichen die beiden Antworten voneinander ab. Im Hebräisch sind sie tatsächlich identisch. Elias Antwort aus Vers 14 lautet: »Ich habe dem Herrn, Gott, dem Allmächtigen, von ganzem Herzen gedient. Aber die Israeliten haben ihren Bund mit dir gebrochen, deine Altäre niedergerissen und deine Propheten umgebracht. Ich allein bin übrig geblieben, und jetzt wollen sie auch mich noch umbringen« (1. Könige 19,14). Im hebräischen Text, der die Grundlage für Übersetzungen des Alten Testaments in andere Sprachen ist, unterscheidet sich der Wortlaut der Verse 10 und 14 nicht. Die hebräische Fassung ist wesentlich älter als unsere Bibelübersetzungen, was bedeutet, dass sich auch die Art, wie wir sprechen, verändert hat. Die Übersetzerinnen und Übersetzer werden die Verse wahrscheinlich deshalb verschieden wiedergegeben haben, damit sie beim Lesen abwechslungsreicher klingen.

43 Die Firma Snickers® hat mit diesem Slogan eine ganze Werbekampagne gestartet.

44 Karin Emmerich, Machtverhältnisse in einer Dreiecksbeziehung: die Erzählung von Abigajil, Nabal und David in 1 Samuel 25. Arbeiten zu Text und Sprache im Alten Testament, Bd. 84, EOS Verlag, St. Ottilien 2007, S. 187–193.

45 W. R. Walker/J. J. Skowronski/C. P. Thompson, Life is Pleasant – and Memory Helps to Keep it that Way! In: Review of General Psychology. Band 7, Nummer 2, S. 203–210, Educational Publishing Foundation, 2003: https://doi.org/101037/1089-2680.7.2.203 (zuletzt aufgerufen am 10.09.2021).

46 Vgl. Royer, 2017, S. 104.

47 Vgl. Jessica Libbertz, NO SHAME. Wie wir den Teufelskreis der destruktiven Scham verlassen, Gräfe und Unzer, München 2019, S. 103.

48 Vgl. ebd., S. 29.

49 Dr. Maximilian Zimmermann, Dozent an der Biblisch-Theologischen Akademie Wiedenest.

50 Stille Wasser sind tief. Oder attraktiv? Diese Frage habe ich mir selbst in Anlehnung an einen Poetry-Slam von Julia Engelmann gestellt: https://genius.com/Julia-engelmann-stille-wasser-sind-attraktiv-annotated (zuletzt aufgerufen am 09.09.2021).

51 Till Reiners zitiert nach: https://www.donaukurier.de/nachrichten/kultur/Kabaretttage-Ingolstadt-2019-Systematisch-systemlos;art598,4072944 (zuletzt aufgerufen am 13.09.2021).

52 Philip Zimbardo, zitiert nach: Psychologie Heute compact, 57 (2019), S. 31.

53 Vgl. Bruce Wilkinson, Das Gebet des Jabez. Durchbruch zu einem gesegneten Leben, Gerth Medien, Asslar 2002.

54 Vgl. Löhken, 2015, S. 72–74.

Christina Walch

Rise and Shine
Weil du kostbar bist

Sehnst du dich danach, endlich deinen Traummann kennenzulernen? Fragst du dich manchmal, ob die Träume für dein Leben überhaupt in Erfüllung gehen? Christina Walch weiß genau, wie sich das anfühlt. Ganz persönlich erzählt sie von ihren eigenen Erfahrungen und wie sie erlebt, dass nur Gott ihrem Herzen geben kann, was es braucht.

Klappenbroschur, 13,5 x 21,5 cm, 192 Seiten
Nr. 395.954, ISBN 978-3-7751-5954-8
Auch als E-Book

SCM
Hänssler

Anja Schäfer

Fearless
24 Abenteuer an Gottes Seite –
Wahre Glaubensgeschichten

Wahre Lebensgeschichten für junge Weltveränderer! Die 24 Lebenszeugnisse von Frauen und Männern in diesem Buch zeigen, dass für Gott niemand zu jung ist, um Salz und Licht in der Welt zu sein. Eine Inspiration für die nächste Generation junger Glaubenshelden!
Mit Illustrationen von Astrid Shemilt.

Gebunden, 16,5 x 23,5 cm, 160 Seiten
Nr. 395.985, ISBN 978-3-7751-5985-2
Auch als E-Book

SCM
Hänssler

Ariatani Wolff, Matthias C. Wolff, Heidi Wolff

Aus dem Leben gefallen
Mein Kampf gegen die Magersucht
und das Ringen um Gottes Zusagen

Gefangen in der Magersucht. Der Körper als Ausdrucks-
mittel einer hungrigen, suchenden Seele. Ariatani Wolff
weiß, wie sich das anfühlt. Schonungslos ehrlich erzählt
sie ihre Geschichte und lässt sich dabei tief ins Herz blicken. Ein Buch, das berührt, ermutigt und herausfordert.

Klappenbroschur, 13,5 x 21,5 cm, 240 Seiten
Nr. 396.030, ISBN 978-3-7751-6030-8
Auch als E-Book

SCM
Hänssler